DORON RABINOVICI

DIE EINSTELLUNG

Roman

Suhrkamp

Dieses Buch wurde klimaneutral produziert.

Klimaneutral
Druckprodukt
ClimatePartner.com/14438-2110-1001

Erste Auflage 2022
Originalausgabe

Umschlaggestaltung: Designbüro Lübbeke, Naumann,
Thoben, Köln
Satz: Satz-Offizin Hümmer GmbH, Waldbüttelbrunn
Druck: CPI – Ebner & Spiegel, Ulm
Printed in Germany
ISBN 978-3-518-43059-0

www.suhrkamp.de

Lügen erscheinen dem Verstand häufig viel einleuchtender und anziehender als die Wahrheit, weil der Lügner den großen Vorteil hat, im Voraus zu wissen, was das Publikum zu hören wünscht. Hannah Arendt

Für Nicole

1

Ohne sein Bild keine Geschichte, nicht ein Satz, nicht ein einziges Wort. Breitbeinig, einen Fuß ein wenig vorgeschoben, stand August da und nahm ihn ins Visier. Das Gesicht im Fadenkreuz des Suchers. Es galt, den richtigen Moment zu erwischen, aber er war nur einer von vielen, die es auf den Mann, der da vor ihnen saß, abgesehen hatten. Um ihn herum das Knattern und Klicken der Apparate.

Das Gesicht des Politikers sprang einem jetzt überall entgegen, von Plakaten, aus Zeitungen und von den Bildschirmen. Es war noch nicht lange her, da hatten sich die meisten über diesen Mann und seine Sprüche mokiert, doch mittlerweile war ihnen das Lachen vergangen. Immer wenn es so aussah, als sei er diesmal mit seinen Gemeinheiten, seiner Niedertracht zu weit gegangen, nahm die Zahl jener zu, die sich von ihm angesprochen fühlten. Je abwegiger seine Behauptungen waren, desto ausführlicher wurde über ihn berichtet, und keinen ließ er kalt.

Kein glatter Schönling saß da vorne, auch kein Blässling, sondern ein stattlicher Mann, hochgewachsen und stämmig, ein – wie seine Jünger gerne sagten – ganzer Kerl mit gesundem Teint, als käme er gerade von einer Bergtour oder aus dem Sonnenstudio, ein Kumpeltyp mit kantigem Gesicht und einem breiten Lächeln, das immerzu verwegen und ein wenig spöttisch wirkte. Ulli Popp war dafür bekannt, auf einer Kundgebung volksnah, bei einem Galadinner charmant und vor Firmenvorständen weltgewandt aufzutreten. Welcher Art sein Publikum auch war, immer hinterließ er den Eindruck, mit sich im Reinen zu sein, und es war nicht nur seine Lebendigkeit, seine Energie, die alle um ihn herum ansteckte, sondern wie selbstgewiss er erschien. Sogar hier, in diesem sterilen Hinterzimmer eines Gasthauses, in dem Popp eine Pressekonferenz abhielt, zog er selbst jene, die ihn ablehnten, in seinen Bann, das war für August nicht zu übersehen.

Der Raum war gesteckt voll, alle gierten danach, jede seiner Aussagen festzuhalten. In der ersten Reihe ein jüngerer Kollege, der die Kamera kurz senkte und August zunickte. Schräg hinter ihm Marion Ettl, eine Journalistin, die nicht nur durch ihre scharfen Fragen aufzufallen wusste. Sie hatte sich auf ein Fensterbrett hochgeschwungen; die Beine übereinandergeschlagen, den Rücken durchgestreckt saß sie da, und August spähte aus dem Augenwinkel zu ihr hinüber.

Popp sagte, er spreche aus, was das einfache Volk denke, weil die Elite verschweige, was das ganze Land bedrohe, denn da rolle ein Tsunami heran, der alles mitreißen werde, und wer davon nichts hören wolle und die Menschen in Sicherheit wiege, verrate die Interessen aller, der gesamten Nation, und dann nahm er ein Wort in den Mund, das die meisten hier aufhorchen ließ. »Lügenpresse«, sagte er, und Popp schmunzelte dabei ein wenig, als meinte er die Beschimpfung der Anwesenden gar nicht ernst, als wäre dieses Wort nur ein Kosename, eine ironische Tändelei –, und genau in diesem Augenblick drückte August auf den Auslöser und schoss eine ganze Serie von Fotos. Danach hielt er kurz inne, um sich im Display die Aufnahmen anzuschauen. Der übliche Kontrollblick, reine Routine, um mögliche Fehleinstellungen zu korrigieren, aber nun, als er die einzelnen Aufnahmen überprüfte, geschah etwas, das ihm noch nie passiert war. August war von seinen eigenen Bildern abgestoßen. Das war nicht, worauf er aus war. Und plötzlich wollte er nur noch weg.

Er schlängelte sich durch die dichten Reihen der anderen aus den verschiedenen Redaktionen, drängelte vorbei an einer Kollegin mit Fotoapparat, dann wich er den Beinen von Marion Ettl aus, die ihn so verwundert anschaute, dass er prompt über das Mikrofonkabel eines Radioredakteurs stolperte. Am anderen Ende des Raums bemerkte auch Popp die Unruhe und blickte in seine Richtung, aber da war August schon draußen auf der Straße und wusste im nächsten Moment selbst nicht mehr, was in ihn gefahren war. Aber er wollte nicht noch einmal hinein und an allen anderen vorbei, und es war ja auch gar nicht notwendig, Popp unbedingt heute abzulichten. Er stand nicht unter Zeitdruck, und niemand hatte ihn zu diesem Pressetermin geschickt. Er war aus eigenem Antrieb hergekommen, weil er gedacht hatte, er müsse sich auf eine Aufgabe vorbereiten. Was für eine Schnapsidee! Seit wann brauchte er Vorstudien, um seinen Job ordentlich zu machen? Vielleicht war es Selma gewesen, die ihn dazu verleitet hatte.

Ohne sein Bild keine Geschichte, nicht ein Satz, nicht ein einziges Wort, hatte Selma gesagt. Sie arbeitete auch sonst am liebsten mit ihm, August Becker, zusammen, aber bei diesem Thema, meinte Selma, gebe es für sie keine andere Wahl. Niemand außer August, so Selma, käme für sie in Frage. Wenn sie sehe, welche Fotos andere von Ulli Popp machten, dann vergehe ihr die Lust, einen Artikel über ihn zu schreiben, denn sie wolle nicht zu denen gehören, die diesen Blender immer so glanzvoll und groß aussehen ließen. Seine Aufnahmen, das war August nach diesen Worten klar geworden, mussten vollkommen anders werden und Popp so einfangen, wie er noch nie zu sehen gewesen war.

Selma hatte in der Redaktionskonferenz berichtet, was sie vorhatte. Sie müssten, hatte sie erklärt, das Magazin mit

Ulli Popp aufmachen. Popp sei der Mann, der das ganze Land in Atem halte; zumindest seit Beginn dieses Wahlkampfs. Es sei nicht mehr möglich, auszublenden, welche Gefahr da drohe. Sie wolle über Ulli Popp und dessen Kampagne einen langen Artikel schreiben. Ein Raunen war durch den Raum gegangen. Einer der jungen Kollegen hatte geseufzt, es bringe doch nichts, Popp zu verteufeln. Aber Bruno, der Chefredakteur, hatte eingewilligt. Er vertraue auf Selmas Gespür. Es brauche jedoch herausragende Fotos von dem Mann. Und bitte keine Polemik, ein sorgfältiges Porträt solle es werden, so Bruno. Niemand war verwundert gewesen, als Selma daraufhin gemeint hatte, sie wolle die Aufgabe ebendeshalb nur mit August Becker gemeinsam angehen.

Kaum hatte Selma ihm von ihrem Vorhaben erzählt – ohne sein Bild keine Geschichte, nicht ein Satz, nicht ein einziges Wort –, war August von einer Unruhe erfasst worden. Er hatte beschlossen, auf eigene Faust loszugehen. Ohne es ihr zu sagen. Deshalb war er zu Popps Pressekonferenz aufgebrochen, von der er, als er die Schnappschüsse auf dem Display seiner Kamera gesehen hatte, geradezu geflüchtet war.

Nicht wenige meinten, es bringe ohnehin nichts, noch einen weiteren Artikel über Ulli Popp zu schreiben, und ein junger Redaktionskollege aus der Kultur, für den er eine Bilderserie von einer gefeierten Theateraufführung geschossen hatte, meinte zu August, Selma habe sich doch verrannt. »Wer jede Woche den Teufel an die Wand malt, darf nicht überrascht sein, wenn er einem erscheint.« Popps Wähler seien nichts als besorgte Bürger. Jeder andere Protest werde doch ignoriert. »Nur wer Ulli Popp wählt, kann sich sicher sein, gehört zu werden.«

Am Tag nach der Pressekonferenz war er mit Selma verabredet. In einem Kaffeehaus trafen sie den Schriftsteller Avi Weiss, der ein Manifest gegen Popp verfasst hatte. Die Erklärung war von Dutzenden Intellektuellen unterschrieben worden. Selma zückte ihren Notizblock und einen Stift, um mitzuschreiben; sie legte ihr Mobiltelefon auf den Tisch, um das Gespräch aufzuzeichnen. August sollte Weiss fotografieren.

»Manche«, begann Selma, »werfen Ihnen vor, aus Popp einen Nazi zu machen.«

August senkte die Kamera und betrachtete das Gesicht des Schriftstellers. Dieser Avi Weiss kannte wahrscheinlich keinen jener alten Nazis, und wenn doch, dann bestimmt nicht so gut wie August, dessen Großvater einer dieser ganz normalen Männer gewesen war, die einst die Kohns, die Rubinsteins oder die Levys niedergemacht hatten. Wenn es nach den Regeln seines Großvaters und dessen Kameraden gegangen wäre, dürfte es diesen Avi Weiss, jenen Dichter beschnittener Zunge, gar nicht geben. Auch in Selmas Familie gab es solche Großväter nicht. Selma Kaltak war als Flüchtlingskind in dieses Land gekommen, und August wusste, wie nah es ihr ging, wenn sie die Hassreden eines Ulli Popp hörte. Dann kamen in ihr die Erinnerungen an all die Ulli Popps auf, die gegen das gehetzt hatten, was ihr und den Ihren lieb gewesen und längst vernichtet war. Sie redete nie davon, und nur wer genau aufpasste, konnte den leichten Anflug eines Akzents bei ihr ausmachen; sie war in den Neunzigern mit ihren Eltern und Geschwistern aus Bosnien hergekommen.

»Der Opa ist ein Nazi«, hatte Augusts Mutter manchmal geflüstert und dann »ein Scheißnazi« hinzugefügt. Irgendwann hatte sie es aufgegeben, mit ihrem Vater über Politik zu reden. »Das wird sich bald biologisch lösen«, hatte Paul, Augusts Vater, immer behauptet. Diese Ehemaligen würden doch irgendwann alle gestorben sein. So hatte August seinen Vater oft reden gehört, gerne hatten er und Augusts Mutter die antifaschistischen Lieder gesungen, *Bella Ciao* und *Die Moorsoldaten*, Nachklänge ihres studentischen Engagements. Die Vergangenheit lag im Dunkeln, nur die Zukunft schien ganz licht und so klar, dass sie die Gegenwart bereits aufhellte. Mittlerweile war die Gewissheit, auf der richtigen Seite der Geschichte zu stehen, wieder verblasst. Nichts mehr war übrig von der einst so strahlenden Zuversicht … Aber was hatte der grummelige Greis, der sein Opa gewesen war, mit jenem Schreihals Ulli Popp zu tun?

Avi Weiss' laute Stimme riss August aus seinen Gedanken. Der sagte gerade: »Wer will heutzutage schon ein Nazi sein? Die gehören auf die Liste bedrohter Tierarten. Wenn Sie einen finden, dann decken Sie ihn warm zu, umsorgen und nähren Sie ihn. Das ist ja eine beinah ausgestorbene Rasse.«

Selma bohrte nach: »Nur um ganz sicherzugehen: Sie klingen, als würden Sie glauben, dass er es zwar nicht sein will, aber es im Innersten eben doch ist.«

»Und Sie klingen, als wollten Sie das unbedingt von mir hören«, antwortete Weiss und dann: »Was weiß ich von seinem Innersten? Ich bin doch nicht sein Therapeut. Ich will es auch nicht werden.«

»Möchten Sie sein Fotograf sein?«, fiel ihm August ins Wort.

Avi Weiss schaute ihn mit großen Augen an, als bemerkte er ihn erst jetzt, worauf August auf den Auslöser drückte.

Eine Familie ging an ihnen vorbei, offenbar Touristen, der

Mann in Jeans, T-Shirt und Lederjacke, hinter ihm sein jugendlicher Sohn und dann seine Frau mit Kopftuch, einen kleinen Buben an der Hand. Von allen Tischen starrten Gäste auf diese Gruppe.

»Entschuldigung, was meinen Sie?«, fragte der Schriftsteller.

August rückte ganz nah an ihn heran, beugte sich ihm entgegen, bis das Objektiv nur noch fünfzig Zentimeter von ihm entfernt war, worauf der Autor unweigerlich zurückwich, das Gesicht angespannt, die Augen verengt, den Anflug eines Zuckens im Mundwinkel, ein Lächeln aus Unsicherheit, und genau das fing August ein. Dann schaute er kurz auf das Display und sagte dabei: »Soll ich ihn fotografieren? Oder besser gesagt: Würden Sie es tun?«

Selma ging dazwischen: »Na klar. Warum sollte Herr Weiss Popp nicht fotografieren?«

»Na, dann mach doch die Geschichte mit ihm«, so August. »Niemand glaubt, ein Pianist zu sein, nur weil er ein Klavier besitzt, aber kaum hat einer eine Kamera, meint er schon, er ist ein großer Fotograf.«

»Kehren wir bitte zu den Fragen zurück«, sagte Selma.

»Aber er hat ja recht. Ich bin Schriftsteller, nicht Fotograf. Und die Frage ist relevant. Was bringt es denn, ein Bild ums andere von diesem Mann zu machen, bis einem das Grausen kommt? Seine Masche besteht ja genau darin, zwischen Lichtgestalt und Feuerteufel zu schillern.«

»Da hast du's«, nickte August.

»Aber du hast doch solche Typen schon oft fotografiert«, widersprach sie: »Zum Beispiel diesen Glatzkopf damals, der sich vor den Reportern aufstellte und dabei wie ein Schimpanse wirkte, der die Brust herausstreckt und dazu grinst, als wolle er Bananen quer essen. Einfach wunderbar war diese Aufnahme damals, und um ihn herum diese Meute, und er winkt ihr zu – den Arm erhoben.«

August unterbrach sie: »Es war kein Hitlergruß!«

»Aber die Gesichter der Fotografen, das Leuchten in ihren Augen. Im Grunde hast du ihn dadurch zur lächerlichen Gestalt gemacht, zum Abklatsch ihres Geknipses.«

August zuckte mit den Schultern: »Das war damals anders. Viel schlimmer als Popp sind doch diejenigen, die so ein Arschloch wählen. Wäre er doch nur ein echter Nazi!«

»Wäre er doch nur ein echter Nazi? Du wünschst dir einen Nazi?«, stieß sie so laut hervor, dass die Gäste an den anderen Tischen verstört aufschauten und der Ober sie kurz musterte.

»Ja, dann wüsste ich, wie ich ihn einfangen soll. Aber Popp ist wie ein Untoter, der kein Spiegelbild hat. Den kannst du mit keiner Kamera festhalten. Der sagt ja, die wahren Nazis seien die Muslime.«

Avi Weiss nickte: »Der will ein Freund Israels sein. Wenn es sein muss, lässt der sich öffentlich beschneiden.«

Selma winkte ab und sagte in Richtung des Schriftstellers: »In Wirklichkeit arbeitet August bereits an dem Foto von Popp.«

»Wieso bist du dir da so sicher?«

Selma lächelte: »Ich war bei Popps Pressekonferenz. Ich bin später gekommen, aber ich habe dich dort noch gesehen. Du hast mich nicht bemerkt, so fokussiert warst du auf deine Kamera. Du hast deine Fotos geschossen, hast sie dir angeschaut und bist sofort verschwunden. Mittendrin. Du hast ihn also schon gut getroffen, oder?«

»Nein. Die sind nichts geworden.«

Selma legte den Kopf schräg: »Unsinn … jetzt zeig doch mal her. Lass sehen!«

»Nein«, wehrte August ab, worauf der Schriftsteller fragte: »Ist das nicht ein wenig unprofessionell? Ich meine … Sie sind doch Fotograf, oder?«

»Zeigen Sie mir etwa Ihren unfertigen Text?«

»Und ob er ein Fotograf ist«, stellte Selma klar und richtete sich im Sessel auf, »es gibt nicht wenige, die viel darum geben würden, von August Becker porträtiert zu werden.«

Der Schriftsteller hob die Augenbrauen und zog die Mundwinkel herab: »Ach so … Sie sind *der* August Becker? Echt? Sie sind *der* Fotograf August Becker?«

Das Klicken der Spiegelreflexkamera war Augusts Antwort.

2 Früher hätte er nicht gezögert. Er hatte sie alle fotografiert. Filmstars und Arbeitslose, Intellektuelle und Mächtige, Gläubige und Freisinnige, Arme und Reiche, Eltern und ihre Wunderkinder, Boxer, Läuferinnen, Schwimmer, Trapezkünstler, Schlangenmenschen, Puffmütter und Zuhälter, Huren und Strichjungen, aber auch Serienmörder und Nazis. Er war keinem ausgewichen. Auch nicht den Extremisten. Er hatte die Kamera auf sie gerichtet, jeder Hetzer war von ihm abgelichtet worden und nicht bloß einmal, sondern immer wieder. Selma schwärmte heute noch davon, wie er dieses Großmaul oder jenen Scharfmacher mit einem Knopfdruck ins rechte Licht gesetzt hatte. Er war nie unbedacht vorgegangen. Aber nun war alles anders.

Während er darüber nachdachte, wie er Selma erklären sollte, dass er dieses Mal nicht mit ihr arbeiten würde, hielt er nach seinem Motorroller Ausschau, doch ihm fiel nicht mehr ein, wo er geparkt hatte. »Trottel«, schimpfte er in sich hinein, »Idiot … Arschloch!« Wieder einmal war er knapp dran. Immer blieb er zu lange vor dem Monitor sitzen, bearbeitete die Aufnahmen nach, tüftelte an jeder Einzelheit und konnte sich nicht losreißen. Ständig hatte er das Gefühl, nicht genug Zeit zu haben. Noch ehe die Artikel zu Ende geschrieben waren, schickte August seine Fotos schon in die Redaktion. Er lieferte die Bilder unversehens ab und lieferte sich ihnen aus. Das Objektiv bot keinen Schutz. Es spiegelte einem nur vor, alles durch einen kleinen Dreh von sich wegrücken zu können. Aber das täuschte. Der Apparat war wie eine Wolke, die einen vergessen lässt, wie stark die Sonne scheint, bis man verbrannt ist.

Nein, das Bild von Ulli Popp, so dachte er, während er nach dem Motorroller Ausschau hielt, wollte er einfach nicht machen. Aber den Auftrag rundweg ablehnen? Er musste mittlerweile froh sein, wenn er engagiert wurde. Er konnte es sich nicht mehr leisten, wählerisch zu sein – aber wo hatte er den verdammten Roller abgestellt? Das Gefährt gehörte zu August wie seine Kamera. Damit fuhr er von einer Location zur nächsten, von einem Termin zum anderen. Den alten Kombi benutzte er nur, wenn es aufs Land ging, denn in der Stadt fand er dafür kaum einen Parkplatz.

Vor zwei Wochen war er mit dem Wagen unterwegs gewesen. Er war gerade erst losgefahren, da nahm ihm ein Taxifahrer den Vorrang. Danach zwängte sich ein SUV in seine Fahrspur. Die Straße war ein Kampfgebiet. Die Karosserie war eine Rüstung. Alle hinterm Steuer wurden zu Feinden. Als er dort, wo er einen Auftrag ausführen sollte, ankam, schnappte ihm ein Mercedes den Parkplatz weg, und der Fahrer, eine fettige Glatze mit Schnauzer, tiefbraunem Teint und Brille mit Goldrand streckte ihm auch noch den Mittelfinger entgegen, worauf August ihm »Arschloch« nachrufen wollte, aber da sah er in einer Querstraße eine Lücke, in die er sein Auto hineinquetschte; nicht ganz regelkonform, doch immerhin behinderte er niemanden. Er schulterte die Fototasche und rannte zum Termin, und da stand schon das Ekel aus dem Mercedes, der Kahlkopf mit schwarzem Schnurrbart, der ihm eben noch den Stinkefinger gezeigt hatte, vor demselben Hauseingang, aber nun war der Mann wie ausgewechselt, nickte ihm zu, hielt ihm die Tür auf und lächelte verschmitzt, als wären sie zwei Jugendliche, die einander gerade einen lustigen Streich gespielt hatten. »Bitte, nach Ihnen …«, keuchte er und tat dabei so kapriziös freundlich, wie er vorher grob gewesen war. Aber nun bestand August darauf, dem Kerl den Vortritt zu lassen, doch der beugte seinen Glatzenschädel vor, wies ihm mit derselben Vehemenz, mit der er August eben noch seine Verachtung gezeigt hatte, den Weg und machte mit der Hand eine großmütige Geste, als wollte er August sogleich durch das Tor schieben, wenn auch vielleicht nur, um ihm hernach umso besser einen Hieb in den Nacken versetzen zu können.

Einige Minuten später wusste August, mit wem er es zu tun hatte. Das also war der international renommierte Terrorexperte, den er bei diesem Termin fotografieren sollte. Ein früherer Geheimagent, ein Spezialist aus dem Nahen Osten, so einer konnte einen wie ihn, August, zum Frühstück vertilgen. Der Körper des Mannes war gedrungen und erinnerte an einen Pitbull-Terrier, ein Energiebolzen.

Ganz unvoreingenommen trat ihm der Mann nach dem Duell um den Parkplatz wohl auch nicht mehr entgegen. August glaubte sein Misstrauen zu spüren, vielleicht fürchtete der Sicherheitsexperte, dass sich dieser Fotograf jetzt an ihm rächen und unvorteilhafte Bilder von ihm schießen würde. Aber es war wie immer, wenn August den Fotoapparat auf jemanden richtete, denn er wurde plötzlich ganz ruhig und sagte zum Glatzkopf nur: »Menschenkenntnis …«, worauf der Mann ihn fragend musterte. Doch als August erklärte: »Das verbindet uns. Das ist es, was wir beide in unserem Beruf brauchen«, hellte sich die Miene des Terrorexperten auf, und er lächelte bitter.

Die Kamera war Augusts Tarnkappe. Hinter ihr wurde er zu einem anderen und gewann alle für sich. So unsicher August im Alltag auch sein mochte, mit ihr wurde er locker, und mit ihr lockte er das Innerste aus den anderen hervor. Er nahm sie für sich ein und konnte brillieren. Mit der Kamera fand er Zugang zu allen. Es war eine Verwandlung. Kaum betrachtete er Menschen durch das Objektiv, zog er sie an sich und fand für jeden die richtige Einstellung.

Mit dem Motorroller war August am liebsten unterwegs. Auf zwei Reifen konnte er gar nicht anders, als in Balance zu bleiben. Wenn seine Kollegen ihn darauf sahen, sagten sie: »Heute kommt August wieder mit seiner Rosinante.« Er selbst hatte dem Gefährt diesen Namen gegeben. Mit Rosinante konnte er jeden Stau hinter sich lassen, doch vor allem war es kein Problem, dafür einen Parkplatz zu finden – nur den Parkplatz und seine Rosinante später wiederzufinden, das bereitete ihm Schwierigkeiten. Aber er kam einfach schneller ans Ziel damit, und während er die Spur wechselte, dabei ganze Kolonnen überholte und durch enge Gassen knatterte, hörte er über den Kopfhörer im Helm die neuesten Nachrichten, nahm einen Anruf aus der Redaktion entgegen, wählte danach Tim, seinen Sohn, an, überlegte im Anschluss an das Gespräch schon, wie er die letzten Fotos bearbeiten würde, und kaum war er von Rosinante abgesprungen, plante er die nächsten Aufnahmen. Genauso war es auch an diesem Tag vor zwei Stunden gewesen, als er Selma angerufen hatte, um ihr zu sagen, er sei bald da, sie möge mit Weiss schon ins Kaffeehaus gehen und dort auf ihn warten. Er sei unterwegs.

»No stress«, antwortete Selma und begann noch einmal von jenem anderen Projekt zu reden, von Ulli Popp, dem Politiker, der die ganze Nation in seinen Bann schlug – und sie wiederholte noch einmal, was sie zuvor bereits klargestellt hatte. Ohne sein Bild keine Geschichte! So hatte sie noch nie zu ihm gesprochen. Es war bisher auch nicht notwendig gewesen.

Normalerweise war es Kevin, der Fotoredakteur, der bestimmte, welcher Fotograf einen Journalisten begleitete. Kevin war zuständig – und er hegte keine besondere Vorliebe für August, denn der Fotoredakteur wollte immer nur Aufnahmen, die den gängigen Schablonen und Klischees entsprachen. Mit Augusts schrägem Blick und seinen eigentümlichen Einstellungen konnte er wenig anfangen. Er suchte das Gefällige, das Augenscheinliche, während Selma und August auf das Unscheinbare, das Verhohlene und Verkappte setzten, das einem erst beim zweiten Hinschauen auffiel.

Verzichten konnte der Fotoredakteur auf ihn aber nicht. August Becker war ein Begriff, wenn auch einer wie aus einer verklungenen Zeit, als August noch in fremde Länder geschickt worden war, um Bilder für das *Forum* zu machen. Längst war das zu teuer für die Zeitschrift geworden. Zwar war das *Forum* immer noch das Flaggschiff der liberalen Qualitätsmedien im Land, eine kritische Wochenzeitschrift mit Reportagen über heimische Zustände und internationale Politik, mit ökonomischen Analysen, mit einem umfangreichen Kulturteil und mit Meinungskommentaren auf feinem Hochglanzpapier, aber auch das *Forum* litt unter den Veränderungen der letzten Zeit. Mittlerweile reichte es den Redaktionen, im Internet herauszufinden, welcher Fotograf gerade an Ort und Stelle war, um einige Fotos zu schießen und dann sogleich elektronisch abzusenden; wobei meistens gleich auch Videos und Audios mitbestellt wurden – und zwar zum selben Preis. Zu jedem Thema gab es einen Datenpool an Aufnahmen. Agenturen boten alles auf Vorrat an. Mit einem Klick waren Ansichten von einem Kultlokal in Kobe zu haben, von einer lauschigen Laube in Montevideo, von einem geheimnisvollen Guru in Rajasthan ... Fixanstellungen für Fotografen existierten kaum mehr.

Früher war August beinah stolz darauf gewesen, freier Mitarbeiter zu sein, doch mittlerweile nicht mehr. Die Bilderflut hatte das Ansehen seines Berufes nicht gerade gehoben. Es ging nicht mehr um die Vision eines Fotografen. Nun waren alle bereit, Geld zu sparen und jenes Bild einzukaufen, das billig zu haben war. Wenn sie überhaupt zahlen mochten und nicht gleich um ein honorarfreies Foto baten.

Augusts Bilder waren unverwechselbar. Ein wahrer Kenner wusste mit einem Blick, was ein echter Becker war, denn August kam denen, die er mit der Kamera festhielt, so nahe wie kaum jemand sonst. Er hatte Stil – und zwar nicht nur einen eigenen, sondern auch noch einen guten, und er hatte dafür schon viele Preise eingeheimst. Manche seiner Arbeiten waren sogar auf der Titelseite internationaler Magazine erschienen, doch auch die große Ära dieser Zeitschriften war vorbei.

Die Krise der Zeitungen und die ihrer Fotografen gehörten zusammen. Nicht nur verdienten die meisten in Augusts Metier nun weniger, sie mussten zugleich viel mehr für ihre Ausrüstung, für Digitalkameras, für Computer und Bearbeitungsprogramme ausgeben, um mithalten zu können, zumal es für jeden, der ein Smartphone besaß, mittlerweile viel einfacher geworden war, ein passables Foto zu schießen. Hinzu kam, dass sich August – im Gegensatz zu den meisten seiner Kollegen – hartnäckig weigerte, jene Jobs anzunehmen, die lukrativ waren. Er wollte nicht auf Hochzeiten und Firmenfeiern knipsen. Er verachtete Werbeaufträge. Es ging ihm nicht um geschönte Ansichten. Nicht einmal Buchprojekte interessierten ihn. Seine Leidenschaft gehörte den Presseporträts, und dabei blieb er. Unverdrossen.

Kevin hatte ganz andere Interessen. Die Fotos im *Forum* sollten illustrativ sein und das Heft schmücken. Wer dieses liberale Blatt aufschlug, sollte ein edles Produkt in den Händen halten. Die Bilder mussten den Eindruck abrunden. Kevin hatte August eines Tages einen ganzen Katalog, eine Handlungsanleitung mit genauen Angaben übergeben, was er von ihm erwartete. Wie viel aus welchen Perspektiven und in welchen Formaten August bei einer Pressekonferenz, einem Interview, für ein Feature oder während einer Reportage zu knipsen hatte; ungeachtet dessen, was im jeweiligen Setting – an Ort und Stelle – überhaupt möglich war.

Der Fotoredakteur war einst selbst Fotograf gewesen, aber irgendwann dazu ausersehen worden, im Büro zu bleiben und festzulegen, wer für welche Geschichte eingesetzt und welche Fotos dem jeweiligen Text beigegeben werden sollten.

Selma rebellierte gegen Kevins Vorstellungen. Alle in der Redaktion wussten, dass August und sie ein eingespieltes Team waren. Nie hatte sie seine Aufnahmen gegen seine Absichten verwendet. Ein falsches Wort, eine irreführende Bildunterschrift verkehrte jeden Sinn. Selbst in der Wochenzeitschrift, für die Selma und er arbeiteten, konnte das geschehen, obwohl das *Forum* für seine Sorgfalt und Integrität oft gelobt wurde. Vor wenigen Jahren hatte August in der Börse Aktienhändler abgelichtet, Sakko und weißes Hemd, Krawatte, mit offenem Mund und weit aufgerissenen Augen vor ihren Bildschirmen, und einer von ihnen reckte den Arm hoch, schrie irgendetwas. Das Foto war danach immer wieder erschienen, einmal unter dem Titel »Börse im Höhenflug«, danach mit der Schlagzeile »Kurssturz an allen Märkten« und schließlich zum Artikel »Analysten wieder optimistisch!«

Jedes Foto war nur ein Ausschnitt, behauptete aber, das Ganze zu sein. Verlangte die Redaktion eine Aufnahme von syrischen Frauen, konnte August die einer jungen Mutter in

Jeans und blondierter Mähne, einer Ärztin aus Aleppo mit Bubikopf, einer Studentin mit feuerrotem Haar anbieten, doch für den Artikel wurden nur die Frauen mit Kopftuch genommen.

Welche Auswahl konnte je die ganze Wahrheit sein? August war klar: Ohne Standpunkt keine Perspektive. Jedes Foto barg ein Geheimnis, und nicht einmal er, der Fotograf, durchschaute es ganz, aber im Unterschied zu anderen übersah er es nicht, sondern hielt es mit seiner Aufnahme fest. Das war seine besondere Fähigkeit. Für ihn war jenes Foto gut, das wiedergab, worauf es in einer Geschichte ankam. Wie oft war es August passiert, dass er erst bei der Ausarbeitung und Vergrößerung bemerkte, was das Wesentliche war, das er eingefangen hatte. Und oft verstand er es nicht, bis der Artikel erschienen war.

Seine Aufnahmen verliehen Selmas Texten einen eigenen Glanz, und seine Fotos gewannen mit ihren Worten an Sinn. Selma und er waren zu einer Symbiose geworden, die manche glauben ließ, sie stünden einander auch privat nahe. Aber Selma war mit Dino Ahmetović, einem Künstler, zusammen, der vielen im Land genauso fremd blieb wie Selma Kaltak. Sie waren beide einstige Flüchtlingskinder. Dinos Werke brauchten keine Bildunterschrift, nur knappe Titel, und die wählte Dino ganz allein.

Augusts Aufnahmen waren ein Dokument. Der Apparat gab wieder, was zu sehen gewesen war, und im Grunde war es das, was ihn von Anfang an fasziniert hatte – bereits damals, als der Vater ihm, dem Achtjährigen, seine erste Kamera, eine AKArette geschenkt hatte. Und je mehr er vom Fotografieren verstand, umso unglaublicher schien ihm die Verwandlung zwischen jenem Moment, als er auf den Auslöser drückte, und jenem, in dem er das Positiv sah. Das war für ihn ein Zauber, der auch im Laufe der Jahre nicht verschwand.

Wie stolz war er gewesen, als der Vater ihm die alte AKArette überreicht hatte. Er lief durch die Wohnung und knipste alles und alle, obwohl an jenem Abend noch gar kein Film eingelegt war. Doch bereits am nächsten Morgen zeigte ihm der Vater, wie die Rückwand aufgeklappt werden konnte, er zog die kleine Kurbel an der Seite heraus, steckte eine Rolle in die Patronenkammer, spannte die kleine Lasche, die hervorlugte, zur Stachelwalze und steckte sie in den engen Schlitz der Aufwickelspule, passte die Perforierungen in die Zahnräder ein und wickelte den Zelluloidstreifen mit dem Transporthebel ein wenig auf. »Schau, August«, sagte Vater und dann: »Siehst du? So.«

Die Fotografie war Vaters Hobby. Er zeigte seinem Sohn, wie die Blende und die Verschlusszeit einzustellen, wie die Entfernungen zu schätzen waren. »Schau, August. Du darfst die Leute nicht abschneiden. Und denk nach, was im Licht sein soll. Siehst du? So.« Nur die einfachsten Grundlagen, um die Kamera verwenden zu können, mehr nicht, keine Theorie, von der der Vater zwar durchaus eine Ahnung hatte, doch er überließ es der Neugier des Kindes, die Technik zu erkunden, und genau diese väterliche Zurückhaltung war es, die August anspornte. Bald darauf durfte er mit in die Dunkelkammer, die der Vater im Keller eingerichtet hatte. Der kleine Raum war für den Buben ein geheimnisvoller Ort, ein Refugium. Dorthin mitzukommen, zunächst die schmale, schwere Tür zu öffnen, dann durch den schwarzen Vorhang zu schlüpfen, war ein unvergleichliches Ritual. Der Weg durch die Lichtschleuse war ein Schritt in eine andere Welt. Hier waren die beiden Männer der Familie unter sich. Der Geruch der Fixierermischung und der scharfe Essigdunst des Unterbrechers stachen dem Kleinen in die Nase. Das Rotlicht, in dem alle Geräte aufglühten. Eine Zone kindlicher Lust und Erregung.

Zuerst war die Kamera nicht mehr als ein Spielzeug, aber eines Tages nahm der Zwölfjährige den Apparat mit auf einen Schulausflug. Bei dieser Fahrt wurde er, der bis dahin unter den Kindern eher ein Außenseiter gewesen war, zum Star der ganzen Klasse. Alle bewunderten seine AKArette, beneideten ihn um seine Kenntnisse. Sie wollten alle fotografiert werden, und er sagte ihnen, wie sie sich aufstellen sollten, und machte seine Bilder.

Der Klassenlehrer war von den Fotos, die er in der nächsten Woche mitbrachte, begeistert. Alle baten ihn um Abzüge und waren bereit, dafür zu zahlen. August war zum Fotografen geworden. Seine Eltern waren stolz auf ihn. Der Vater sagte: »Siehst du? So.«

Nur der Großvater schüttelte den Kopf, weil August auf jedem Familienausflug die Kamera mitnahm und ständig irgendwo auf dem Bauch lag, um einen Käfer oder eine Blume abzulichten. Außerdem bemerkte er, wie sich der Blick seines Enkels änderte. Es war, als habe er eine Sonnenbrille auf. Die Augen gehörten nun nur noch der Kamera. Er schaute nicht mehr zu seinem Opa hoch. Durch den Sucher gewann er an Distanz. Alle Kontraste um ihn herum wurden deutlicher.

Sie standen in der Klamm, vor ihnen der Wasserfall, unter ihnen das schäumende Tosbecken, und der Großvater rief: »Jetzt hör doch auf. Jetzt hör doch mal. Jetzt hör doch mal auf!« Aber August richtete die Kamera auf ihn, rannte voraus, blieb stehen, wandte sich um, knipste, wartete, bis er vorbeigegangen war, um ihn dann wieder zu überholen, ein unaufhörliches Gewusel um seine alten Beine, und da geschah es – der Großvater ließ für einen Moment sein Bein stehen, sodass der Enkel darüber stürzte und auf einen Stein aufschlug. Die Kamera knallte auf den Felsen, und weil August beim Vor- und Zurückrennen den Lederriemen vom Nacken genommen hatte, fiel ihm seine AKArette aus der Hand und schlitterte über den Boden, während er nach vorne rutschte und aufpassen musste, nicht selbst über den Rand zu kippen. Erschrocken schaute er hinab in den Abgrund, in das Tosen der Gischt, ehe er sich umdrehte, um seine Kamera zu suchen, aber da stand schon der Großvater über ihm und streckte die Hand aus, um dem Enkel aufzuhelfen. Von der AKArette keine Spur, und da machte der Alte eine kleine Bewegung mit dem Kopf, wies hinunter in die Schlucht, sodass August mit einem Schlag klar wurde, die Kamera war verloren, ja, womöglich hatte er sie mit seinen Füßen selbst hinuntergestoßen in die Stromschnellen, die er eben noch fotografiert hatte, doch das Bild war für immer weg, und nicht nur dieses, alle Aufnahmen waren verschwunden, alles fortgespült.

August weinte nicht. Er starrte in das Wasser, dorthin, wo eben die AKArette untergegangen sein musste, dann aber schaute er den Alten an, fixierte ihn, den Opa, der den Buben, dieses ungestüme Kind, nun trösten wollte, der ihn anlächelte, um ihm etwas Nettes zu sagen, aber gerade, als er dem Enkel auf die Beine helfen wollte, entfuhr dem ein Wort, sprach er den geheimen Code aus, den er bei seiner Mutter oft schon aufgeschnappt hatte, wenn sie über ihren Vater in Zorn geraten war, stieß August es im gleichen Ton hervor, wie er es von ihr kannte, obgleich er es in Wahrheit überhaupt nicht kannte, denn er hatte ja keine Ahnung, was es eigentlich bedeuten sollte, als er in der Klamm, die er mit dem Opa schon oft durchwandert hatte, »Scheißnazi« flüsterte, ganz ruhig wisperte er das Wort: »Scheißnazi«, und er war sich sicher, dass es der Alte im Getöse des Wassers gar nicht gehört hatte. Der aber erstarrte im selben Moment, als August ihn so genannt hatte. Er sank in sich zusammen. Kurz ballte er die Fäuste, als wollte er zuschlagen, doch dann drehte er sich weg und ging weiter. August sollte nie erfahren, ob der Großvater sein »Scheißnazi« verstanden hatte, denn den Rest des Tages hatten sie geschwiegen. Viel später erst, als ihm klar wurde, was es hieß, ein »Nazi«, ein »Scheißnazi« zu sein, begriff er, wie ungerecht er damals gewesen war. Ein »Scheißnazi« war doch nicht einer, der dem Enkel ein Bein stellte, sondern etwa einer, der Unschuldige liquidiert hatte, wobei ebendas seinem Großvater vorgeworfen werden konnte, wie August, als er schon Student war, erst erfahren sollte, doch hatte der Bub damals in der Klamm von dieser Schuld gar nichts gewusst. Er war doch bloß über Opas Fuß gestolpert und hatte dabei seine Kamera verloren. Und womöglich hatte der Großvater tatsächlich nicht gehört, was der Enkel von sich gegeben hatte. Vielleicht, so dachte August später, war nur die erste Silbe, nur jenes »Scheiß« durch das Rauschen gedrungen. Schweigend gingen sie danach hintereinander her und stapften heimwärts, um nie wieder gemeinsam wandern zu gehen. Sie grüßten einander pflichtbewusst bei Familienfesten, doch der eine mied den anderen; der Großvater war zum Feind geworden. Er möge bitte ein wenig netter zum Opa sein, redeten die Eltern ihm zu – wenn auch nicht mit allzu großem Nachdruck. Insgeheim verstanden sie August, denn sie schüttelten ja selbst den Kopf, wenn der Alte von früher schwärmte, als alles besser war, und herzog über Fremdarbeiter, wie er sie nannte. Der achtzigjährige Opa und sein aufmüpfiger Enkel, der halbverkalkte Familiennazi und der starrsinnige Jungfotograf: Der eine war schon fast hinüber, der andere noch nicht ganz bei sich angekommen. Das Alter war jeweils die beste Ausrede.

August wollte nichts mehr vom Großvater wissen, es sollte keine Versöhnung mehr geben zwischen ihnen. Sie stritten nie, stritten sich aber auch nie wieder zusammen. Erst später, als der Achtundzwanzigjährige half, das Zimmer des eben Verstorbenen auszuräumen, entdeckte August einen Karton im Kleiderkasten. Er öffnete ihn, und da sah er sie – seine Kamera. Er konnte es kaum glauben, doch hier lag die alte AKArette, ohne Zweifel, es war sein erster Fotoapparat, das Objektiv zersplittert von jenem Sturz damals in der Klamm. Aber durchaus reparabel. Der Großvater musste die Kamera hinterrücks eingesteckt haben, gerade in dem Moment, als August hingefallen war. Vielleicht hatte er nur vorgehabt, dem Enkel eine Lektion zu erteilen, womöglich hätte sie ihm der Alte wieder zurückgegeben, doch dann war August sein »Scheißnazi« entfahren, und ein »Scheißnazi« kam ihm auch diesmal, mehr als fünfzehn Jahre später, über die Lippen, als er den Karton wieder zumachte und nur seine alte AKArette daraus mitnahm.

Erst der Verlust der AKArette hatte damals den Ruf des Buben gefestigt, ein Fotograf zu sein. Jetzt, da er keine Kamera mehr hatte, wurde allen klar, dass er eine brauchte. Paul Becker schenkte ihm einen neuen Apparat, und diesmal wurde er eigens für ihn gekauft. »Siehst du? So«, sagte der Vater, und gemeinsam gingen sie ins Geschäft. Der Verkäufer zeigte ihnen verschiedene Modelle und versuchte, den Buben mit teuren Firmennamen zu locken. Der Vater wollte bereits einschreiten, da sagte August, er brauche nichts Kompliziertes, und wählte jene Kamera, die am besten in seiner Hand lag. Auch später sah er auf jene Nerds herab, die mit elektronischen Spielereien auftrumpften. Viele seiner Kollegen redeten stundenlang von der technischen Ausstattung ihrer Geräte. Er nicht. Was August Becker und seine Bilder einzigartig machte, konnte in keinem Spezialgeschäft gekauft werden, seine Preise errang er nicht durch Effekthascherei.

Wie wütend waren seine Kollegen gewesen, als die berühmte französische Schauspielerin sie alle aus ihrer Suite geworfen hatte. Sie kamen ihm in der Lobby entgegen. »Vergiss es«, rief ihm einer zu. »Die ist ja nicht normal«, meinte ein zweiter. August fuhr mit dem Lift in ihre Etage. Er klopfte an die Zimmertür. Eine Assistentin, eine kahlköpfige Mitzwanzigerin mit tätowiertem Schlangenarmband, öffnete ihm, ohne ihn eines Blickes zu würdigen.

Die Filmdiva sagte: »Ce serait si merveilleux, pourriez-vous s'il vous plaît m'apporter un autre thé à la menthe, ma chère Simone«, und dann stand August ihr leibhaftig gegenüber, doch noch mehr als ihr Aussehen begeisterte ihn ihre Stimme, das weiche, fließende Timbre, das ihn schon im Kinodunkel seit jeher gefesselt hatte. Unfassbar, dass sie nun im selben Tonfall, in dem sie sonst von Liebe und von Leidenschaft sprach, um einen Tee bat. Sie wandte sich ihm zu: »I sit here.« Sie hatte die Regie übernommen. »No posture, no act.« Sie war zu keinem Kompromiss bereit. »Just like this. Vous comprenez?«

August nickte. Er holte die Kamera aus seiner Tasche, beugte sich vor, knipste hier ein Bild und da, wie ein Friseur, der mit einer kleinen Schere an den Haaren einer Kundin herumschnippelt, vorsichtig, aber zielstrebig. Während er sie durch den Sucher fixierte, bemerkte er in ihren Augen ein Misstrauen, ja Panik. Der Star, den er seit seiner frühen Jugend bewunderte, hatte Angst vor ihm, saß aufrecht, stocksteif, starrer Blick, die Hand am Kinn, während er ihr bei jeder Aufnahme zunickte und ganz langsam an sie heranrückte. Dann beugte er sich vor, wendete die Kamera und präsentierte ihr auf dem Display drei der Bilder, die er eben von ihr gemacht hatte. Sie nickte leicht, worauf er weiterknipste, dann – ohne ein Wort – seinen Kopf zur Seite neigte, sie dabei eindringlich anschaute, eine stumme Einladung, und tatsächlich folgte sie ihm, senkte auch ihren Kopf in dieselbe Richtung. Wiederum drehte er ihr die Bildanzeige zu, um ihr die neuen Aufnahmen zu zeigen. Er sah ihr vages Lächeln. Ihre Skepsis schwand, und als er dann die Augenbrauen hob, die eine Schulter vorschob, ahmte sie alles nach, wurde sie zu seiner Marionette, als wäre er einer ihrer Regisseure auf dem Filmset, und als er ihr wieder das Display zeigte, strahlte sie ihn an, denn er hatte sie und das, was sie ausmachte, aufgespürt und eingefangen, weshalb sie flüsterte: »You are wonderful!«

»No«, antwortete er, »you are! C'est vous …«, worauf ihm heiß wurde, und er wusste, dass er gerade vor dieser Grande Dame rot anlief wie damals als Schuljunge vor seinem ersten großen Schwarm.

»Ich will Fotograf werden«, hatte August eines Tages verkündet, und der Vater hatte freundlich genickt. Na ja, das war halt ein Kinderwunsch wie Pilot, Zugführer oder Polizist. Aber mit den Jahren wurde aus dem Traum ein elterliches Schreckensszenario. Fotograf? War das denn überhaupt ein Beruf? Der Bub sollte etwas Anständiges lernen, sollte – so wie der Vater – sein augenscheinliches Talent nutzen. Hatte Paul Becker nicht einst gegen seine Familie rebelliert, hatte er nicht den Bauernhof verlassen, um Architektur zu studieren? Sein August, davon war er überzeugt, war noch begabter als er selbst. Er könne so gut zeichnen und habe einen Sinn für Formen und Farben und verfüge über ein gutes räumliches Vorstellungsvermögen. »Du interessierst dich doch für Physik, für Geometrie.« Der Junge sollte, so war es vorgesehen, eines Tages das Architekturbüro übernehmen. »Siehst du? So«, sagte der Vater.

Aber es waren nicht Statik und Materialkunde, sondern die Gesetze des Lichts, die August faszinierten. Gebäude sprachen ihn nicht an. Sogar seine Versuche, Häuser zu fotografieren, blieben leblos. Die Eltern beharrten darauf, Fotograf sei kein Brotberuf. Die Welt sei keine Wunderkammer. Er solle Architektur studieren.

Einige Semester lang tat August ihnen den Gefallen, besuchte Vorlesungen, bei deren Namen ihn bereits unendliche Langeweile überkam, studierte Skripten über Tragwerkslehre und Hochbau, paukte Raumplanung und Axonometrie und wusste bald, welche Eigenlast einer jeweiligen Bausubstanz zuzuordnen war. Wenn sein Vater nach Hause kam, um ihm von einem neuen Projekt zu erzählen, lächelte August und tat, als würde es ihn interessieren, doch in Wirklichkeit blieb ihm alles fremd. Allein das Wort Baukomplex klang für August nach einem neurotischen Zustand.

Der Vater lud August in sein riesiges Büro ein. Hier, im Loft einer ehemaligen Fabrik, saß er zwischen seinen Dutzenden Angestellten und führte August herum. »Siehst du? So.« August schlurfte hinterher, verbeugte sich artig vor allen, sodass ihnen die Kamera vor seiner Brust entgegenbaumelte, denn er hatte sie mitgenommen, und an diesem Tag war der Vater so froh gestimmt, dass er diesen kleinen Störfaktor nicht weiter beachtete. Ja, er ließ sich sogar von seinem Sohn fotografieren. Vater am Telefon. Vater vor seinem Zeichentisch. Vater mit einem Projektmodell in der Hand. »Siehst du? So.«

»Du bist ja ein richtiger Fotograf«, rief ein junger Mitarbeiter des Vaters.«

»Ja«, sagte August daraufhin, »ich bin Fotograf. Das will ich sein. Nichts anderes.«

»Studierst du denn nicht Architektur?«

»Ab morgen nicht mehr. Ich werde das Studium abbrechen.«

August sah, wie sein Vater neben ihm versteinerte, wie sein Lachen erstarb. Aber selbst in diesem Moment, als es August bereits leidtat, diese Worte hier in Vaters Büro und vor seinen Angestellten ausgesprochen zu haben, verspürte er zugleich den Wunsch, nach seiner Kamera zu greifen und den Vater hier – in diesem Augenblick seiner Verzweiflung – zu fotografieren.

Paul Becker fing sich schnell wieder. Er hob den Zeigefinger und erklärte den Umstehenden: »Tja, was soll ich sagen. Mein August hat seinen eigenen Kopf. Er weiß, was er will … Seht ihr? So«, und dann lächelte er, als sei er stolz auf seinen eigenwilligen Sohn, doch August sah den Schmerz hinter dem angestrengten Grinsen.

Paul Becker, der einst den Bauernhof verlassen und das Familienerbe ausgeschlagen hatte, um Architektur zu studieren, empfand die Rebellion des Sohnes als späte Rache seiner eigenen Eltern an seiner damaligen Entscheidung. Es war ihr Fluch, der ihn einholte. Er stritt nicht mit August. Er brach nicht mit ihm, aber er blieb bei seiner Meinung: Fotograf war kein Beruf. Und seit August selbst ein Kind hatte, verstand er seinen Vater besser. Nun hoffte er, August, sein Sohn Tim würde bei seinem Studium bleiben und es abschließen, so fremd es ihm auch war, dass sich der Bub ausgerechnet in Wirtschaft eingeschrieben hatte.

Was hätte sein Vater wohl dazu gesagt, dass er nun ausgerechnet Ulli Popp nicht fotografieren wollte? Hätte er sich endgültig in seiner Haltung bestätigt gesehen? Denn im Grunde bedeutete es ja, dass er, August, an seinem Beruf zweifelte. Während er immer noch nach dem Motorroller Ausschau hielt, hörte August die Stimme des Alten: »Siehst du? So.«

Kurz vor dem Tod des Vaters war er beinah täglich bei ihm gewesen, um nach ihm zu sehen, und er hatte eine Krankenpflegerin eingestellt, die rund um die Uhr für Paul Becker da sein sollte. Als er an einem Frühlingsnachmittag vorbeigekommen war, sah er die beiden vor einer Schachtel sitzen. Es war eine Sammlung seiner Fotos. Hunderte aus mehreren Jahrzehnten. Erschienen in verschiedenen Zeitungen. Ausgeschnitten vom Vater. Paul Becker zeigte sie stolz der jungen Frau und sagte: »Siehst du? So.«

Er war eben Pressefotograf aus Überzeugung. Immer war es sein Anspruch gewesen, zu zeigen, was geschah, und so ins Licht zu rücken, was ausgeblendet wurde. Aber lebten solche wie Popp nicht von einer Schaulust, die bloß in den Fokus nimmt, was den Rahmen sprengt? Sollte er der Erfüllungsgehilfe dieses Demagogen sein?

Irgendwo musste er doch seine Rosinante abgestellt haben. Ermattet blieb er stehen und dachte nach. Wo genau hatte er mit Selma telefoniert, ehe er abgestiegen war? Vielleicht war es am klügsten, sie zurückzurufen, um ihr endgültig abzusagen. Als er das Handy hervorholte, leuchtete eine Nachricht auf dem Display auf. Da stand geschrieben, wo er geparkt hatte, die genaue Adresse – und nun fiel es ihm wieder ein. Selbstverständlich! Dort war der Motorroller. Von seinem Navigationsprogramm war er darüber informiert worden … Diese Funktion kannte er noch gar nicht. Das Smartphone überraschte permanent mit Erinnerungen und

Kalendereinträgen, dann waren da die Kurznachrichten, ob von einem Freund, von der Redaktion, doch vor allem die Netzwerke. Auf Twitter, auf Facebook und Instagram präsentierte er neue Fotos, und er freute sich über Likes und Kommentare, aber zugleich verstrickte er sich hier auch immer wieder in sinnlose Debatten, und insgeheim machte er diese Plattformen für seine Zerstreutheit verantwortlich.

Zu Hause saß er an den Bildern von Avi Weiss. Er war mit dem Ergebnis zufrieden und schickte die Aufnahmen in die Redaktion, aber auch direkt an Selma. Danach schaltete er den Fernseher ein und ließ einen Nachrichtensender im Hintergrund laufen, während er nacheinander seinen Account auf Instagram, Facebook und Twitter kontrollierte. Im Fernsehen sagte Ulli Popp gerade: »Sie kommen von überall. Die haben bei uns nicht zu sein. Wir müssen durchgreifen. Straße um Straße. Haus um Haus. Durchkämmen und räumen!«

August klickte Bilder an, die er gepostet hatte, und las die Kommentare zu seinen Porträts.

@nudelaug: Starke Aussage.

@pressman: *Sehr fein gearbeitet. Vielleicht wäre eine kleinere Blende auch möglich gewesen, doch auch das ist eine interessante Perspektive.*

Manche schrieben nur über die abgebildeten Personen. *Gute Gesichter* oder *Sympathisches Lächeln hat das Mädchen*. Aber dann:

@derwegistdas_spiel: Wo sind denn alle freiwilligen Kopftuchfrauen hin? Haben die sich ganz zwanglos versteckt?

@white_psycho: Becker ohne Sinn.

@linke_zecke: rechte hater wieder blindlings unterwegs. Trollt euch, ihr Nazis.

So ging es los, und August wollte sich nicht daran beteiligen, aber dann, als sie über seine Aufnahmen, seine Technik und die Nachbearbeitung einen Unsinn nach dem anderen verbreiteten, konnte er sich nicht mehr zurückhalten. Nur ein Tweet, nahm er sich vor, eine kurze Erklärung.

@aug_gusto: Da war kein Kopftuch.

Da brach das Gewitter über ihn herein, aus allen möglichen Richtungen, und er hatte fest vor, kein Wort mehr hinzuzufügen, doch dann las er:

@rechter_recke: Der Mann auf Bild vierzehn ist täglich am Bahnhof und ein islamistischer Extremist.

August verstieß gegen seinen Vorsatz, nichts mehr schreiben zu wollen.

@aug_gusto: Das stimmt nicht. Er ist ja gar nicht religiös. Der ist vollkommen unschuldig.

@linke_zecke: Für August Becker ist also schuldig, wer Muslim ist.

August geriet in einen Sturm, der von rechts wie von links tobte, und er ging darin unter. Er verbrachte die nächsten Stunden im Netz, fand nicht mehr heraus aus den Zwistigkeiten, vergriff sich selber im Ton, und als er endlich schlafen ging, stand sein Entschluss endgültig fest: Er würde Selma diesmal nicht begleiten. Es war sinnlos in dieser Öffentlichkeit, er würde Ulli Popp nicht fotografieren.

Er rief Selma erst zwei Tage später an, aber als er ihr alles erklären wollte, fiel sie ihm sofort ins Wort. »Vergiss es. Ich lass es ohnehin bleiben.«

Er lauschte ihrem Schweigen nach. »Alles okay?«

»Ich war bei der Wahlveranstaltung am Wolfsplatz.«

»Haben sie wieder Lügenpresse gebrüllt?«

»Schlimmer. Popp schrie von der Bühne aus: ›Wir haben

Besuch. Dort steht sie, die Kaltak. Das ist sie, die angebliche Journalistin Selma Kaltak!‹ Und dann hat er mich zitiert!«

Drei Wochen zuvor hatte Selma im *Forum* eine Veranstaltung von Ulli Popp an ebenjenem Ort geschildert. Diese Gegend, ein Außenbezirk der Stadt, war immer schon ein sozial benachteiligtes Viertel gewesen, und hier stießen nun jüngst Zugewanderte auf jene, die bereits vor Generationen hergekommen waren. Hier trat Popp besonders gerne auf. Hier sprach er die Alteingesessenen an. Hier strömten sie zusammen, um ihn zu hören, und Selma hatte davon berichtet. Nicht nur von Popp und seiner Leidenschaft, im Licht der Scheinwerfer zu stehen, von seinem Talent, sich den Kameras zu stellen und mit ihnen zu kokettieren, sondern auch von seinem Publikum. Sie hatte wortwörtlich von dessen *ausgefressener Selbstzufriedenheit* geschrieben, von dessen *Lust aufs Unfeine, seiner Hässlichkeit und seinen Gehässigkeiten. Das Gemeine dieser Gestalten*, so Selma damals, komme *aus allen Poren, zeige sich in jeder Faser und den fettigen Strähnen*. Der Artikel war nicht nur außerhalb der Redaktion auf Kritik gestoßen. Zu Recht, wie August meinte …

»Du kannst dir das nicht vorstellen. Das ist eine verhetzte Meute.«

Er versuchte sie zu beruhigen, aber sie ließ ihn nicht zu Ende reden: »Du warst nicht dort. Wie die schrien! Und was! Ich kann es gar nicht wiederholen. Und wie sie mich angespuckt haben!«

»Mach dich nicht verrückt«, meinte August.

»Dort, in diesem Bezirk, bin ich aufgewachsen. Als eine, die sie nie haben wollten.«

»Das ist schon lange her.«

»Wir wissen, wo du wohnst, haben sie gebrüllt. Ich trau

mich allein gar nicht mehr heim. Ich warte, bis Dino in der Wohnung ist.«

»Unsinn. Ich komme zu dir. Treffen wir uns vorm Haus. Du wirst sehen, da ist nichts.«

August ging gleich los, rannte durchs Treppenhaus, nahm zwei Stufen auf einmal und lief im Erdgeschoß an einem Nachbarn vorbei, einem syrischen Flüchtling, der mit seiner Familie im früheren Speicher eines Geschäftslokals lebte und zumeist bei offener Tür im Gang stand, als warte er die ganze Zeit auf August, um ihm jedes Mal, wenn er vorbeikam, etwas zuzurufen, einen Gruß, den er in den ersten Tagen gar nicht ganz verstanden hatte, doch allmählich war er zur Überzeugung gekommen, dass der Mann – August mochte es kaum glauben – ihm ein »Allahu akbar« hinterherrief, und auch diesmal war er von jenen Worten – hatte er sich etwa verhört? – unangenehm berührt, fand sie deplatziert, zumal sie doch zum Schlachtruf der Eiferer, der Dschihadisten geworden waren, der bei jedem Attentat erklang. August erwiderte leise: »Hallo.«

Auf der Straße suchte er, wie konnte es anders sein, nach seinem Motorroller, bis er endlich darauf kam, dass er ihn vor dem eigenen Haus geparkt hatte.

Als er bei Selma ankam, sah er sie vor dem Toreingang stehen. Er umarmte sie, und sie drückte ihre Wangen an die seinen. Angedeutete Küsse. Aseptische Herzlichkeit. So war es, seit sie einander kannten – damals war sie noch die Anfängerin gewesen. Sie hatte nie mit ihrer Jugendlichkeit kokettiert und auch nicht mit ihrem Aussehen – und gerade das gefiel ihm an ihr. Die Kleidung schlicht, manchmal auch ein wenig nachlässig, das Gesicht ungeschminkt, das Haar flüchtig zusammengebunden, einzelne Locken schauten hervor. Bereits bei ihrer ersten gemeinsamen Reportage wurde klar, wie gut sie einander ergänzten. Zu zweit, sagte Selma später einmal, seien sie einzigartig.

»Du kannst dir nicht vorstellen, wie schlimm es war. So hat es auch bei Anna Edel begonnen, damals …«

August wusste, dass Selma die Journalistin Anna Edel gut gekannt hatte. Edel war in ihrem Land Jo Gromow auf der Spur gewesen, einem Geschäftsmann mit engen Verbindungen zu bestimmten Politikern in verschiedenen Staaten. Längst reichten Gromows Beteiligungen auch in die heimische Wirtschaft. Anna Edel hatte über die Verstrickungen der Politik in Gromows Imperium und über seine Geschäftspraktiken geschrieben. Sie war unerschrocken geblieben – trotz aller Warnungen und Drohungen, bis sie eines Tages tot unter einer Autobahnbrücke gefunden worden war. Ein Unfall, so hatte es damals geheißen.

Selma holte eine Flasche Weißwein aus dem Kühlschrank, stellte zwei Gläser auf den Tisch und goss ein, dann setzte sie sich.

Er hob sein Glas, um anzustoßen, doch Selma sah daran vorbei. Ins Leere. Dann der Griff zu den Zigaretten, sie zündete sich eine an.

Sie sagte: »Popp zeigte auf mich. ›Da steht sie, als wäre sie eine von uns.‹ Dann zitierte er aus meinem Artikel. Und plötzlich war ich mitten in der Menge ein Volksfeind. Das ist ein Mob. Für diese Arschlöcher war eine wie ich schon in der Schule der letzte Dreck! Damals haben sie mich gezwungen, ihren Beinschinken zu essen. Sie haben ihn mir in den Mund gestopft … Du hast recht. Es hat keinen Sinn.«

»Was?«

»Ich schreibe diese Geschichte nicht, ich lasse es bleiben.«

August griff nach ihrer Hand: »Nein. Das wäre falsch. Deine Texte sind wichtig.«

Das Abendlicht färbte den Gelben Muskateller in ihren Gläsern dunkler. Seine Linke lag immer noch auf ihrer Rechten, als die Tür aufging und Dino eintrat, worauf August sofort Selmas Hand losließ, als wäre er bei irgendeinem Vergehen ertappt worden. Er rückte vom Tisch weg, worauf die Stuhlbeine über den Kachelboden schrammten, ein Kreischen, schrill. Sein Gesicht wurde heiß. Dino grüßte: »Hallo, August …«, und zu Selma: »Geht es dir schon ein bisschen besser?« Da schossen Selma die Tränen in die Augen.

August sagte. »Ich werde jetzt langsam …«

»Ich höre, du willst Popp nicht fotografieren. Stimmt das?«, fragte Dino.

»Ich lasse es ohnehin bleiben«, meinte Selma, und August dachte, es klinge ein wenig, als hätte sie gesagt, ich lasse es ohne ihn bleiben.

Dino schüttelte den Kopf, griff zu den Zigaretten, die am Tisch vor Selma lagen, fischte eine aus der Packung, wandte sich um und stieß die Tür zu seinem Atelier auf, so heftig, dass sie an die Wand krachte. Selma verdrehte die Augen.

August ging ihm nach. Dino stand zwischen den vielen Bildern, die teils aufgehängt waren, teils am Boden standen und an den Wänden lehnten, und zog an der Zigarette.

August fragte: »Ist was?«

Sie standen einander dicht gegenüber. »Das ist so typisch, dass du sie im Stich lässt«, sagte Dino und blies August den Rauch ins Gesicht.

»Typisch wofür?«

»Für solche Faserschmeichler und Weichspüler wie dich. Für dieses ganze Land, das so tut, als wäre ohnehin alles in

Ordnung. Aber was soll's? Ist ja auch alles in Ordnung für euch, solange Ruhe herrscht. Nur kein Aufsehen.«

»Spinnst du? Ich will den Typen einfach nicht auch noch mit einem Foto aufwerten.«

»Du bist ein Wixer. Ein Feigling! Du hast Angst, zu scheitern ... Hier, schau, wie oft ich nicht weiterweiß ... Versuche ich es halt immer wieder.« Er zeigte auf die vielen Bilder im Raum. Hunderte Fragmente, Studien, Skizzen.

Aber Augusts Blick blieb an einer Arbeit hängen. »Was ist denn das?« Er ging auf ein Porträt zu. Es war die mit feinen Strichen ausgeführte Wiedergabe eines Fotos, das er selbst von einer Kollegin aus der Redaktion gemacht hatte, doch hier war es von Dino überpinselt worden, das Gesicht grell geschminkt, überzeichnete starre Augen, der Mund aufgequollen, und vom Hals abwärts ging seine Aufnahme in eine Studie über, die nichts mehr mit jener jungen Journalistin zu tun hatte, sondern eher zu einer älteren Frau passte, faltige Haut, bläulich schimmerndes Fleisch, ausgezehrte, hängende Brüste, schäbige Schuhe, grünliche Nylonstrümpfe.

»Was soll das?«, fragte August.

Dino zuckte mit den Achseln und nahm einen Zug von der Zigarette, ehe er antwortete, mit plötzlich belegter Stimme: »Das ist ein Experiment.«

»Weiß sie davon?«

»Noch nicht.«

»Du machst aus ihr eine alte Hure.«

Nun kicherte Dino und aschte in eine Dose, die auf einer Staffelei stand: »Na ja, Geld würde die wohl nicht verdienen.«

»Hey, bist du jetzt völlig verrückt geworden?« Selma war ins Atelier gekommen.

»Jetzt hört schon auf. Das ist ja gar nicht Tina. Ihr wisst

doch, dass ihr Körper in Wirklichkeit ganz anders aussieht. Das ist ein Kunstwerk. Das ist Kunst, Selma!«

»Nein«, widersprach August, »das ist Scheiße. Niemand weiß, wie sie nackt aussieht, und das Gesicht, das jeder kennt, ist nach einem Foto von mir.«

»Wenn du willst, schreib ich das dazu.«

»Was denn?«

»Dass es dein Foto ist, das ich übermalt habe … Von wegen Copyright und so …«

August blickte sich um. Jetzt erst bemerkte er andere Bilder derselben Art, die neben und hinter diesem standen. Alle folgten dem einen Prinzip: Bekanntes Gesicht, dem eine Aufnahme zugrunde lag, und darunter der verzeichnete Leib. »Das ist ja eine ganze Serie. Du machst eine Ausstellung?«

Dino schwieg. Er ging in Richtung Küche und sagte: »Es ist noch nicht sicher, ob es klappt …«, aber da hatte August bereits aufgeschrien: »Das bin ja ich! Du hast mich gemalt.«

Dino seufzte, und als Selma an ihm vorbeiging, wollte er sie von hinten umfassen, doch sie riss sich von ihm los und trat neben August: »Es tut mir leid. Ich wusste nichts davon.«

»Ich hab ja gar keine Eier! Auch keinen Schwanz … Du hast mich kastriert.« Dort, wo sein Geschlecht sein sollte, war nichts.

Dino grinste: »Ich hätte es nie ohne deine Erlaubnis präsentiert. Ist doch klar. Ist es okay für dich, wenn ich es ausstelle? Ist ja eigentlich eine Hommage an dich! Irgendwie jedenfalls …«

»Mich ohne Penis und Hoden darzustellen – eine Hommage? Soll ich mich jetzt geehrt fühlen?«

»Das bist ja nicht du! Sei doch kein Banause. Das ist Kunst.«

»Nein, das ist ein Scheißdreck.«

»August, ich hätte das nie ohne deine Einwilligung aufgehängt. Das kannst du mir glauben.«

»Dir glauben? Niemand kennt mich da unten. Keiner weiß, ob das nicht doch stimmt. Das ist eine Fälschung.«

»Darum geht es doch. Was ist denn die eine und einzige Wahrheit? Gibt es die überhaupt?«

»Ist mir scheißegal. Die Lüge, die gibt es, und das hier ist eine. Du bist ein Lügner. Und ein Populist. Dir geht es um den Skandal. Du bist der Ulli Popp der kreativen Szene.«

»Und du bist ein Hosenscheißer! Die Kamera ist das Einzige, was dir zwischen den Beinen baumelt. Du bist Selmas Kamerakamerad … der Busenfreund, der sich freut, wenn er auch einmal abdrücken darf. Das Bild da: Das bist du! Zur Kenntlichkeit entstellt.«

Selma mischte sich ein: »Schluss jetzt! Spinnst du? Hör auf!«, und als Dino weiterreden wollte, fuhr sie ihm über den Mund: »Genug! Das Bild wird nicht ausgestellt!«

Aber August widersprach ihr: »Doch, doch! Soll das Arschloch es ruhig ausstellen. Ist mir egal. Mach, Dino. Häng es auf. Wird sicher ein großer Erfolg. Ich gratuliere dir jetzt schon.«

August stellte sich vor das Porträt, sah es sich noch einmal an, dann zuckte er mit den Achseln. »Lass ihn seine Arbeit machen, Selma, und mach du deine. Wenn du den Artikel nicht schreibst, hat Popp gewonnen. Diesen Triumph darfst du ihm nicht gönnen. Nicht nach diesem Angriff auf dich. Es geht nicht nur um dich. Sondern um uns alle. Verstehst du? Du musst den Artikel machen. Wir haben keine Wahl.«

Er war schon am Gehen, da drehte er sich noch einmal um und sagte zu ihr: »Wir ziehen das gemeinsam durch.«

Dann ließ er die beiden stehen, griff nach seinem Helm

auf dem Küchentisch, verließ die Wohnung, stieg langsam die Stufen hinunter, und diesmal musste er nicht nach seinem Roller suchen.

Es war Nacht geworden, alle Staus hatten sich längst aufgelöst. Auf seiner Rosinante knatterte er durch die leeren Straßen der Stadt.

3 Am nächsten Morgen das monatliche Treffen zwischen Vater und Sohn. Im Kaffeehaus saßen sie einander gegenüber. Frank, der Besitzer, brachte August einen doppelten Espresso und ein prickelndes Mineralwasser. Tim bestellte »O-Saft und Croissant. Aber eins mit Marmelade bitte«. August musste an sich halten, um sein Kind, das längst erwachsen geworden war, nicht auf einem Foto festzuhalten, aber der Griff zur Kamera würde, das wusste August, hier gar nicht gut ankommen.

Schon in der Kindheit hatte Tim diese Abneigung gegen Augusts Kamera entwickelt. August erinnerte sich noch, als er zum ersten Mal versucht hatte, ein Passbild von Tim zu machen, wie lange er gebraucht hatte, ihn dazu zu überreden, kurz ruhig dazusitzen und ernst dreinzuschauen, doch als es so weit war, streckte der Dreijährige die Zunge heraus. August erklärte dem Kleinen, wie wichtig es sei, stillzuhalten, der rührte sich nicht – und als August »Achtung« rief, zeigte ihm der Bengel wieder blitzschnell die Zunge.

Es halfen keine Bitten, keine Versprechungen, kein Schimpfen. Der Bub wartete, bis August auf den Auslöser drückte, dann streckte er die Zunge heraus, verzerrte das Gesicht zur Grimasse oder hob die Hände vor die Augen. Es dauerte, bis August ihn ausgetrickst hatte, und da explodierte das Kind vor Zorn, wurde zum Rumpelstilzchen und schlug auf die Kamera ein.

Als er in die Volksschule ging, lud die Lehrerin Ella und August zum Elterngespräch. Sie zeigte ihnen eine Zeichnung. Tim hatte die Familie porträtiert. Die Pädagogin war verstört. Wie wacklig das Haus wirke und wie traurig die Sonne dreinschaue. Wie vertrottelt, dachte August, sagte aber nichts.

Nur eine Kleinigkeit erschreckte ihn, aber vor der Lehrerin verlor er kein Wort darüber. Dem Strichmännchen, das August darstellen sollte, hing die Kamera um den Hals, und das Objektiv war bestückt mit kleinen Haifischzähnchen. Ein Raubtiergebiss.

Es war offensichtlich, das Kind hasste die Kamera, die Kackera, wie der Dreijährige immerzu gesagt hatte. August versuchte, ihn für die Fotografie zu begeistern. Er kaufte Tim, als er fünf war, eine AKArette. Er zeigte ihm, wie ein Film eingelegt wurde. Der Kleine machte ein paar Fotos, ehe er das neue Spielzeug in die Ecke warf.

Tim, als Kind immer ein wenig rundlich, strotzte nun als junger Mann vor Kraft und Fitness. Sein Oberkörper bildete das Victory-Zeichen. August war zwar größer als er, aber immer schlaksig gewesen. Er hatte auch in seiner Jugend nichts davon gehalten, mit Gewichten und Hanteln zu trainieren. Seiner Generation wären solche Muskelpakete, wie sie nun schon die Körper pickeliger Pubertierender schmückten, peinlich gewesen.

Es hatte gedauert, bis August begriff, dass seinen Sohn mehr als Freundschaft mit anderen jungen Männern verband. Erst hatte er sich eingeredet, das sei Teil jugendlicher Selbstfindung. Er probiert sich halt aus, hatte er gedacht, doch dann hatte er mit Ella über ihr gemeinsames Kind gesprochen: »Weißt du, ob sich Tim für ein Mädchen interessiert? Hat er eine Freundin?«

Ella hatte die Augen aufgerissen: »Hallo? Bist du blind?«

»Was denn?«

»Siehst du nicht, mit wem er dauernd abhängt?«

»Du meinst, er ist schwul?«

Sie hatte ihn nur ausgelacht: »Aber so was von! Siehst du dir denn deine eigenen Fotos nicht an? Wie er seine Freunde anschaut …« Und dann fügte sie noch hinzu: »Macht es dir etwas aus?«

»Nein«, sagte August: »Wieso denn?«

Im Nachhinein glaubte August, es immer schon gewusst zu haben, und es sollte nie zum Thema werden zwischen ihm und seinem Sohn. Nur einmal, bei einem Schulfest, als ein anderer Vater in einem ganz anderen Zusammenhang gemeint hatte, Tim sei kein richtiger Mann, war er von August sogleich falsch verstanden worden.

»Was soll das denn heißen?«, hatte August ihn angefahren und ihm – zum Entsetzen aller – einen Stoß versetzt. »Was ist denn? Ich meine ja nur, dass unsere Buben noch keine Männer sind«, meinte der andere Vater, und August war es peinlich, so überreagiert zu haben. Er wollte sich bei Tim für den Vorfall entschuldigen, doch der griff nur still nach seiner Hand und drückte sie ganz fest.

Irgendwo in diesem Koloss steckte noch sein kleiner Sohn, doch zumeist konnte er ihn nur mehr an seinem säuerlichen Blick erkennen, mit dem Tim seit Teenagerjahren auf ihn schaute. Oder war er schon viel früher enttäuscht von ihm gewesen, als August jenen Fehler begangen hatte, den er sich bis heute nicht verzieh? »Du hast mir versprochen, dass ihr zusammenbleiben werdet«, hatte der Sechsjährige eines Tages gesagt, als sie zu zweit beim Abendessen gesessen waren. Ein Jahr vor seiner – Augusts – eigenen Ehekrise hatten sich die Eltern von Tims bestem Freund scheiden lassen; ein Rosenkrieg, eine Hassorgie, und auf die Frage seines Kindes, ob das auch bei ihnen passieren könnte, hatte August gelächelt und gemeint: »Aber nein, da brauchst du dir gar keine Sorgen zu machen. Versprochen.«

»Ich wusste, dass du es auf jeden Fall machst. Du kannst ja gar nicht anders.« Tim schaute ihn nicht einmal an, während er diese Worte sprach. August sah ihm zu, wie er den Orangensaft trank.

»Ich muss Selma begleiten. Alles andere wäre Feigheit.«

Tim winkte ab. Er lächelte vor sich hin und nippte an seinem Saft. Er kannte alle Argumente seines Vaters. Wie oft hatte er ihn zu überreden versucht, nicht mehr fürs *Forum* zu arbeiten. Es gäbe doch ganz andere Möglichkeiten. »Du musst dich anders positionieren, Papa.« Seine Arbeiten seien Kunstwerke. Er könnte Ausstellungen machen und eigene Bücher. Er müsste das Internet nutzen. Aber es war eben der kritische Journalismus, der August interessierte, auch wenn er wusste, dass er damit für seinen Sohn zu einem Sonderling, einem Dinosaurier geworden war, zum letzten Exemplar einer beinah ausgestorbenen Art.

Flo Maus, ehemaliger Pressesprecher des Kanzlers, jetzt Politberater mit eigener PR-Agentur, massige Statur, Hamsterbacken mit Dreitagebart, Stirnglatze und Hornbrille, ein Mann fürs Grobe, betrat das Kaffeehaus. Er grüßte August, der kaum zurücknickte. Man kannte sich von manchen Interviews. August legte keinen Wert auf nähere Bekanntschaft. Maus hatte ihm einmal angeboten, ihn zum Hausfotografen des Regierungschefs zu machen. Ein lukrativer Job. Aber August hatte abgelehnt.

Frank servierte den Espresso und sagte zu Flo Maus: »Dein ehemaliger Kanzler war gestern im Fernsehen. Mit einem Pflasterstein. Den sollen Demonstranten gegen die Parteizentrale geworfen haben.«

Maus nickte.

»Meine Tochter war dort. Sie sagt, da flogen keine Steine.«

»Was du nicht sagst?«, grinste Maus, »Mona war dabei?«

»Faule Eier und Tomaten schon. Steine nicht.«

»Und wem glaubst du? Dem Kanzler oder deiner Tochter?«

»Meiner Tochter selbstverständlich.«

Flo lächelte breit und zeigte ihm den Daumen: »Recht so.«

August wollte weiter dem Gespräch lauschen, doch Tim sagte: »Du begreifst es einfach nicht. Ihr seid es, die Popp erst groß machen. Alle schaut ihr auf ihn. Wie hypnotisiert.«

»Sollen wir zu allen seinen Hetzreden schweigen?« Augusts Ton wurde unwirsch.

»Ihr macht eure Titelseiten zu Werbeplakaten für ihn«, konterte Tim. »Ihr wollt an seinem Erfolg verdienen. Ihr glaubt, ihr schadet ihm, weil ihr Artikel gegen ihn veröffentlicht, aber während ihr einander auf die Schulter klopft, weil ihr euch mal wieder einig seid, gewinnt er jedes Mal an Stimmen dazu. Ihr geilt euch auf an eurem Ekel und an eurer Lust, ihn aufzudecken. Alles dieselbe Erregung.«

»Na, da kennst du dich ja aus, nicht wahr?«

Tim seufzte: »Du lebst in der Vergangenheit, Alter.« Er biss grimmig ins Croissant. Die Marmelade schoss aus dem Teig und spritzte auf sein Hemd. »Fuck«, fluchte er und griff nach einer Papierserviette. Er wischte sich den Patzen vom weißen Hemd, doch es blieb ein gelblicher Fleck zurück.

»Wie alt ist sie denn jetzt?«, fragte Flo Maus gerade.

»Wer denn?«

»Na, deine Tochter.«

»Mona wird nächste Woche neunzehn.« Frank presste Orangen aus, während er antwortete.

»Demonstrantin im ersten Semester also.«

»Sie sagt, da waren keine Steine.«

»Sie hat recht.«

Frank hielt inne, legte den Kopf schief und schaute Flo Maus skeptisch an, der kicherte und aus Eitelkeit nicht anders konnte, als mit seinem Geheimnis aufzutrumpfen: »Den Pflasterstein habe ich selbst von einer Baustelle mitgenommen und dem Kanzler in die Hand gedrückt, ehe er gestern ins Studio gegangen ist.«

Frank griff nach einem Messer und schnitt eine Blutorange auseinander.

»Bekomme ich dennoch einen zweiten Espresso?« Maus lachte. August bemerkte das übergroße Gebiss. Am liebsten hätte er zu seiner Kamera gegriffen.

Tim sagte: »Mit solchen Features machst du ja nicht einmal Geld!«

August tunkte eine zweite Serviette in sein Wasserglas und reichte sie ihm: »Darum geht es dir also? Papa soll zahlen?«

Tim verdrehte die Augen: »Du tust so, als wollte ich einen Lamborghini. Es geht um meine Studiengebühren.«

»Muss es denn das Ausland sein? Unbedingt diese eine Uni? Betriebswirtschaft und Management?« Er sprach, als gehe es um etwas Ordinäres.

Tim schwieg. August war klar, dass sie diese Diskussion bereits zu oft geführt hatten. Tim wollte an diese Elite Uni und an keine andere, mit keinem anderen Abschluss habe man bessere Chancen auf dem Arbeitsmarkt, hatte er ihm wieder und wieder erklärt, und auch seine Mutter unterstützte ihn in seinen Plänen, konnte finanziell aber nicht viel beitragen zu den beachtlichen Kosten. Dass es diese Auseinandersetzungen nur gab, weil er selbst nicht genug hatte, um Tim das Studium ganz selbstverständlich zu ermöglichen, raubte ihm den Schlaf und machte ihn mürrisch gegenüber seinem Sohn, jenem Menschen, den er am meisten liebte.

»Warum verlegst du dich nicht auf Porträts von Filmstars? Das ist einträglicher.«

Es hatte keinen Sinn, dachte August. Sie verstanden einander nicht. Er hatte keine Lust auf diese Diskussion. Er sagte: »Mach dir keine Sorgen. Du kriegst das Geld.«

Tim sah ihn groß an, der Mund stand ihm offen.

August sagte: »Für die Uni.«

»Danke, Papa!«

August griff nach der Hand seines Sohnes und drückte sie fest. Dann rief er laut: »Zahlen!«, und während er die Brieftasche zückte, meinte er noch: »Ich überweise den Betrag in den nächsten Tagen, wenn du mir die Bankdaten der Uni schickst.« Sie umarmten einander, und August drückte seinem Sohn einen Kuss auf die Wange, der sich daraufhin so schnell von ihm löste, dass er ins Taumeln geriet. Aber vielleicht war ihm auch ein wenig schwindlig von jenem Versprechen, dass er eben gegeben hatte.

Vier Tage später fuhren Selma und August aufs Land. Er steuerte den alten Kombi. Das Ziel war eines jener Dörfer, durch die Ulli Popp in diesen Tagen tourte.

Selma saß neben ihm und erzählte, welche Wahlkampfveranstaltungen sie besuchen sollten. Wie immer war sie gründlich vorbereitet.

August behielt den Verkehr im Auge, weshalb er Selma, die auf ihn einredete, kaum mehr zuhörte, und gerade in dem Moment, als er einen Laster überholen wollte, scherte der aus, ohne zu blinken. Er stieg gerade noch rechtzeitig auf die Bremse und hupte zugleich, dann, als die Gefahr vorbei war, sagte er zu Selma: »Was für ein Arschloch!«

»Er drückt letztlich nur aus, was in der Luft liegt«, antwortete sie, und August verstand, dass sie noch von dem sprach, was sie gerade vorher erzählt hatte. »Er rührt an jene Probleme, um die es geht. Zwar nicht auf die richtige Art, aber er trifft den wunden Punkt«, fuhr Selma fort, aber August schüttelte den Kopf und widersprach: »Das macht auch ein Hammer. Na und? Was er sagt, stimmt doch nicht.«

»Aber er sagt, was nicht stimmt.«

»Eben. Weil es nicht stimmt, was er sagt!«

»Nein, er richtet nur unseren Blick auf das Unstimmige.«

»Im Gegenteil. Er stimmt uns auf das Falsche ein. Er ist ein Lügner, ein Populist!«

»Was redest du da? Er ist ein Künstler.«

»Blödsinn. Was der macht, hat doch mit Kunst nichts zu tun.«

Selma schüttelte den Kopf: »Alles nur, weil er dich auf dem Bild kastriert hat?«

Erst jetzt begriff er, dass sie von Dino und nicht von Popp sprach.

Sie sagte: »Es geht halt immer nur um euren Schwanz.«

»Seiner ist mir egal«, versetzte August, »und um meinen braucht er sich auch nicht zu kümmern.«

»Du würdest dich nicht so aufregen, wenn er dir einen Ausschlag oder eine Beinprothese angedichtet hätte. Aber es geht bei euch immer um den Pimmel. Der wunde Punkt liegt bei euch zwischen den Beinen.«

»Bei mir nicht!«

»Dann ist es wohl das, was Dino ausdrücken wollte.«

August spürte, wie sich sein Kiefermuskel verkrampfte. Am liebsten wäre er umgekehrt. Einfach die nächste Ausfahrt nehmen und dann zurück. Stattdessen stieg er aufs Gas und überholte einen Kleinwagen, einen paprikaroten Mini. Selma fasste mit der Linken an den Türgriff und streckte den Rücken durch, worauf August noch stärker aufs Pedal trat.

»Bist du verrückt! Hör auf, so zu rasen«, schrie sie ihn an.

August ließ sie reden. Das war schließlich die Autobahn.

»Darin seid ihr auch alle gleich, ob Dino oder du. Kaum dreht es sich um euer bestes Stück, geht die Tachonadel hoch.« Sie zog eine Zigarette aus ihrer Tasche.

»Hallo? Du willst jetzt aber nicht wirklich hier drin rauchen, oder?«

»Beruhig dich! Ich habe sie ja nur herausgenommen.«

Der paprikarote Mini, den er eben überholt hatte, zog wieder an ihnen vorbei, und als er kurz hinüberschaute, erhaschte er noch einen Blick auf die Frau am Steuer. War das womöglich Marion Ettl gewesen? Oder sah er die Journalistin, über deren Beine er in der Pressekonferenz beinah gestolpert wäre, schon überall? Er gab wieder Gas, doch Selma murmelte nur: »Echt jetzt? Veranstaltest du ein Autorennen? Lass den Typen doch rasen. Solche Kerle sind Popps Basis. Es sind solche Männer, die ihn wählen. Testosteron: Das ist sein Wahlprogramm.«

»In dem Mini sitzt aber eine Frau.«

Selma nickte: »Ach so … Deswegen.«

Das ganze Gespräch kotzte ihn an, das Gerede von seiner Männlichkeit, und dann die Überleitung zu jenen Chauvis und Machos, die Popp wählten. August hatte eigentlich erwartet, sie würde sich bei ihm für Dino entschuldigen. Er war überzeugt gewesen, Selma würde ihm während der Fahrt sagen: »Es tut mir so leid. Ich weiß nicht, was er sich bloß dabei dachte, was in ihn gefahren ist«, und er hätte ihr dann großmütig geantwortet: »Ich bitte dich. Ist ja gar nicht so schlimm. Du kannst doch nichts dafür. Er ist halt ein Künstler …« Aber von ihr kam kein Wort des Trostes.

Am Abend erreichten sie Oberfeist, jene Kleinstadt, in der Popp am nächsten Tag auftreten sollte. Alles war hier geordnet und herausgeputzt. Am Stadtrand die Fertigteilhäuser, der Bauhof, das Schwimmbad und der Friedhof. Die historischen Gemäuer rund um den Hauptplatz, der bereits für die Wahlveranstaltung hergerichtet wurde und deshalb für den Verkehr abgesperrt war, mittendrin die kleine Kirche, ein Barockbau, der alles andere überragte, daneben das Rathaus. August parkte seinen alten Kombi vor einem Gasthof. Hier hatten sie zwei Zimmer reserviert. Im Schankraum roch es nach Bier und Fett. Männer in Lederjoppen standen zusammen und schauten auf, als Selma und August eintraten.

Selma ging voran in die weiter hinten gelegene Gaststube, dort nahmen sie an einem massiven Holztisch Platz. Eine Kellnerin drückte ihnen zwei speckige Speisekarten in die Hand. »Was darf's zum Trinken sein?«, fragte sie mit einem Akzent, der alle Silben weicher und gedehnter klingen ließ.

Selma wollte Tee.

»Welchen?«

»Welchen haben Sie denn?«

»Was in der Karte steht.«

»Haben Sie Minze?«

»Nein.«

Selma bestellte Earl Grey und ein gebratenes Seesaiblingsfilet mit Kartoffelgratin, doch ohne Kartoffelgratin, dafür mit Salat, doch bitte nicht mit Kürbiskernöl und auch nicht mit Joghurtdressing. Die Kellnerin verzog die Mundwinkel und tippte die Bestellung in ihr elektronisches Gerät.

August war unentschieden: »Soll ich ein Hühnergeschnetzeltes nehmen? Oder doch ein Kürbisrisotto?«

Beides klinge gut, meinte Selma. Die Kellnerin seufzte.

»Nimm das Kürbisrisotto«, sagte Selma. August nickte, und die Kellnerin tippte, da sagte er: »Nein. Doch nicht.«

»Dann also einmal Hühnergeschnetzeltes«, sagte die Frau, schickte die neue Order per Funk an die Küche, als August klärte: »Nein, bitte, ich nehme das Rindersteak.«

An den Wänden hingen Gruppenbilder von Uniformierten, Männer in braunen Jankern, in Lederhosen, mit weißen Stutzen und mit Federn geschmückten Hüten. Dazwischen ein paar junge Frauen in Tracht. Immer dieselbe Aufstellung vor einem Gebäude, wohl dem Rathaus, aber offensichtlich aus verschiedenen Zeiten.

August zeigte auf die Blumen am Tisch. »Sind die künstlich?«

Selma griff hin: »Natürlich!«

»Also was jetzt? Doch echt?«

»Aber nein, eben nicht. Künstlich natürlich.«

Die Kellnerin servierte ihnen das Essen, das August mit sich und der Welt wieder versöhnte. Er vergaß das Kürbisrisotto, dem er zehn Minuten lang nachgetrauert hatte – »Vielleicht hätte ich es doch nehmen sollen?« –, und er vergaß den Streit mit Selma, ja, selbst an Dinos Bild dachte er nicht mehr. Gemeinsam betrachteten sie die Fotos an der Wand und rätselten, was sie darstellen sollten.

»Das ist unser Schützenverein«, sagte die Kellnerin, als sie gezahlt hatten.

»Wirklich, Sie haben einen Schützenverein?«, fragte Selma und lächelte freundlich.

»Nein, wir haben vier. Den grünen, den braunen, den gelben und den roten. Bei uns sind die Braunen zu Hause.«

Was die denn machen würden?

In einem Wettbewerb werde jährlich der Schützenkönig gekürt. Zu dem gehöre die Schützenkönigin. Ja, die müssten dann ein ganzes Jahr von einem Fest zum nächsten tingeln und die anderen einladen, und, ja, das könne ziemlich viel kosten und – ja, das stimme schon – so mancher schieße lieber absichtlich daneben, denn Schützenkönig zu sein, könne sich nicht jeder leisten.

»Ich finde das schön«, sagte die Kellnerin, »dass es auch etwas gibt, das sich nicht ändert. Etwas, das beim Alten bleibt.« Nein, lachte sie, sie könne nicht Mitglied werden, nur echte Oberfeister seien zugelassen. Aber zuschauen und mitfeiern dürfe die Jana schon, rief der Wirt und kam an ihren Tisch. Der Wirt sei ein geborener Schütze, sagte daraufhin die Jana.

Bereits vor Jahrhunderten habe es hier Schützenvereine und Bürgergarden gegeben, so der Wirt. Jedes Jahr stellten die sich auf, um ein Foto zu machen. Seit 1973. Seit der Gründung dieser Schützenvereine, des grünen, des braunen und des gelben. Den roten gäbe es erst seit 1975.

Sie wurden von den Männern am Stammtisch, Oberfeister Schützen allesamt, doch heute in Zivil, auf ein Glas eingeladen, worauf sich August mit einer Runde revanchierte. Nein, so der Wirt, die Lederhosen würden nicht in Oberfeist gefertigt, und einer in der Runde sagte, die kämen aus Katunayake, worauf alle verstummten.

»Wie bitte? Woher?«, fragte Selma. Längst hatte sie ihr Notizbuch gezückt.

»Aus Katunayake.«

»Liegt das in der Nähe?«

Nein, das sei in Sri Lanka. Er sei aus der Branche, führe hier ein Trachtengeschäft. Erstklassige Ware. Arbeit vom Feinsten. Neueste Geräte. Klassischer Stil, doch auch lederne Hotpants in Pink mit zünftigen Almstickereien für die Mädels. Die Verarbeitung der Häute hierzulande zahle sich nicht mehr aus.

Selma schrieb mit, passte auf, was die Herrenrunde sagte, als sie hörten, dass August und sie vom aktuellen Wahlkampf berichteten. Ulli Popp sei schon geschickt, meinte der Wirt. Der Ulli habe ein Ohr für die Leute, für die Probleme derer, die zusehen müssten, wie das, was sie hatten, an Wert verlor, und die schauen müssten, wo sie blieben, während alles den Bach hinuntergehe.

Er kenne den Popp, sagte der Trachtenverkäufer. Gutes könne er von ihm nicht berichten. Der sei gefährlich. Ein Scharfmacher, ein Lügner. Ja, murmelte der Wirt, aber er spreche zumindest an, worüber alle bisher nur geschwiegen hätten, und fähig sei er schon, meinte ein anderer, doch der Trachtenverkäufer widersprach, ja, der Popp, der sei leider sehr fähig, und zwar zu allem fähig, und während die Männer über den Kandidaten stritten und über die Gäste, die gerne hierherkamen, insbesondere über muslimische, und über Schweinefleisch, Kopftuch und Moscheen, ja, auch über Flüchtlinge, und während Selma ihnen mal zuhörte und dann wieder heftig dagegenredete, schoss August ein Bild nach dem anderen. An einem Nebentisch packte der Koch, der inzwischen Feierabend gemacht hatte, seine Gitarre aus, und gemeinsam mit Jana und zwei Kellnern begann er zu singen, Lieder aus ihrer Heimat jenseits der Grenze, Melodien, die wiederum die Oberfeister kannten, wenn auch in ihrer Sprache, und mit einstimmten.

Selma notierte alles. August fotografierte Jana vor den Fotos an der Wand, den Wirt in der Stube, den Koch mit der Gitarre, dann die Gesellschaft hinter ihren Biergläsern.

Als sich die Runde schließlich auflöste, um nach Hause zu wanken, war es knapp nach Mitternacht. Draußen auf der Straße holte Selma die Zigaretten hervor, und Jana fragte, ob sie auch eine haben könne.

»Hier«, sagte Selma. Der Wirt zog sein Feuerzeug heraus und gab den beiden Feuer.

Jana zog an der Zigarette und legte den Kopf nach hinten, blickte dabei zum Himmel und sagte: »Vollmond!«

Der Koch sah sie an: »So schön.« Dann schauten alle hoch, leicht schwankend.

»Wenn man ihn da oben leuchten sieht, ist es doch immer wieder unvorstellbar, dass Menschen dort hinaufgeflogen sind«, meinte Selma.

Jana nickte: »Aber noch viel unglaublicher ist, dass da einer wegfliegen möcht nach Paris, obwohl man es doch nicht einmal sehen kann …«

Einen Moment lang schwiegen alle, dann legte der Wirt seinen Oberarm um Janas Schultern, zog sie an sich und sagte: »Mach dir nichts draus. Jetzt bleibst du halt bei mir, nicht wahr.« Die anderen Männer lachten. Jana hielt still, die Augen weit aufgerissen, den Wirt an ihrem Hals, darum herum der Kreis von Männern und der Koch im Abseits. Selma nickte August zu, fixierte ihn, eindringlich, und vorsichtig hob er die Kamera und drückte ab.

4 Die Kleinstadt wartete. Sie wartete auf den Kandidaten. Sie wartete ihm mit Flaggen und Plakaten auf. Auf dem Hauptplatz vor dem Rathaus war die Bühne errichtet. An den Seiten links und rechts Fahnen, Banner, Blumengirlanden, Imbissstände und Informationstische unter Sonnenschirmen. Alles in ein und derselben Farbe und überall der Name darauf: Popp!

Noch aber war Ulli Popp nicht in Oberfeist eingetroffen. Eine Band spielte auf. Ein Gemisch aus Folklore und Rock. Ein Moderator versprach, Popp werde bald hier sein. Es könne nicht mehr lange dauern. Nur ein wenig Geduld. Das Klatschen der Leute. Das Bier floss auch schon am späten Vormittag, dazu Bratwürste, Hamburger, Nachos, Maiskolben, Wokgemüse.

In der Menge Selma, ihre Handtasche über die Schulter gehängt, ihr Notizbuch in der Linken, einen Bleistift in der Rechten, so hielt sie fest, was sie sah und hörte, Gesprächsfetzen, Sager, einzelne Liedzeilen, die Parolen, dass das Land bleiben möge, wie es immer schon war, so schön, so rein und so eigen, und dass es größer, stärker, bedeutender werden möge, als es je war, kein anderes Thema gab es als die Heimat, man war sich einig, man war unter seinesgleichen, man gehörte dazu, zu den Alteingesessenen. An einigen der Tische wurde schon gesungen und geschunkelt, man stemmte die Krügel und die Gläser, stieß an auf das gute Leben und darauf, dass bald alles noch besser werden würde.

August blieb Selma auf der Spur. Er nahm das Treiben auf mit seiner Kamera, Schnappschüsse der Oberfeister Gemütlichkeit, eine bunte Menge aus unterschiedlichen Schichten, Gutbürgerliche neben anderen in ländlicher Tracht, manche in sportlicher Kleidung. Mittendrin das Personal, zuständig fürs Essen und Trinken, Angestellte der Firma Event Catering, zumeist mit fremd klingendem Akzent, stets unterwegs, eilfertig, ungerührt vom Gerede und den Parolen.

Im Gedränge auch manches bekannte Gesicht aus anderen Redaktionen, etwa die Ressortleiterin einer Tageszeitung, die jahrzehntelang für ihre Qualität auch über die Landesgrenzen hinaus berühmt gewesen war und gerne noch auf diesen längst verblassten Ruhm pochte. Sie stand neben einem Reporter der liberaleren Konkurrenz. Weiter vorne die Kollegen der Boulevardpresse und die Teams der Fernsehsender und Digitalmedien mit ihren Tontechnikern und Kameraleuten. Im abgesperrten Bereich seitlich der Bühne entdeckte August Martin Dingell, Redakteur des Boulevardblatts *TOTAL*, das täglich gegen eine andere Minderheit hetzte. Dingell lehnte breitbeinig an der Absperrung, den Bauch nach vorne gereckt, das Gesicht rot und verschwitzt, das wolfsgraue Haar schulterlang; mit einem Glas Rosé in der einen Hand und einer Zigarre in der anderen redete er eindringlich auf Ulli Popps jungen Pressesekretär ein. Dingell war ein Evangelist des Groben. In seinen Kolumnen schlachtete er gern jedes Verbrechen aus, heuchelte Mitgefühl für die Opfer, während er ihr Leid ausstellte, und stachelte den Volkszorn an. Nichts verachtete er mehr als kritische Künstler, Intellektuelle und jene, die er schöngeistig schimpfte. Er verhöhnte die liberale Presse. Sein Hass galt allem, was seinen Lesern fremd und unheimlich war, er beschwor die gute alte Zeit, als es noch erlaubt gewesen sei, gegen die anderen, gegen Schwarze, Schwule und unangepasste Frauen, vom Leder zu ziehen. Er nahm sich jederzeit die Freiheit zur Niedertracht und schrieb unverdrossen seine

Glossen gegen jene, die er Nestbeschmutzer, Vaterlandsverräter und Volksfeinde nannte.

August schaute durch den Sucher, um Dingells stiernackige Selbstzufriedenheit auf einem Foto festzuhalten, als plötzlich die Kampagnenhymne erklang, dem allseits bekannten Fußballgesang »Olé Olé Olé« nachgeahmt, bloß dass alle um ihn herum »Ullí Ullí Ullí Ullíi – Úlli Úlli – Ulli Popp« brüllten, bis dieser Gassenhauer in eine funkige Version des Triumphmarsches aus Verdis *Aida* überging, und auch da grölten alle mit, kannten schon den Text, der von Rettung in letzter Not kündete, nun komme endlich einer, der für uns alle einstehe, für unser Wohl und Wehe – drum stehe auf, wer für die Heimat sei, drum stehe auf, wer für den Ulli sei, denn hopp oder drop, wir stehen alle auf für Ulli Popp, ja, der sei top – und hier setzte der Refrain wieder ein, jenes »Ullí Ullí Ullí Ullíi – Úlli Úlli – Ulli Popp«, und jetzt war er tatsächlich auf dem Hauptplatz eingetroffen, worauf die Melodie im Gejohle und im Applaus endgültig unterging, sodass kaum mehr etwas von der Musik zu hören war, als er endlich leibhaftig auf der Bühne erschien: Ulli Popp.

Popp winkte. Popp lächelte. Popp grüßte. Er nickte in die Menge. Er zeigte mit dem Zeigefinger auf Einzelne. Er zwinkerte hierhin und dorthin und erklärte, wie schön es sei, in Oberfeist zu sein, unter lauter Freunden. Hier müsse er nicht lange erklären, worum es ihm gehe. Hier sei das Publikum, das er sich wünsche und das er liebe, das hier sei etwas ganz anderes, als im Parlament zu reden, wo diese mieselsüchtigen, dauerbetroffenen Gutmenschen einem jedes Wort im Mund umdrehten. Aber er werde nicht aufhören, auszusprechen, welche Probleme die Menschen umtreibe. Ja, das politische Establishment wolle nichts von ihren Sorgen wissen, das sei sich zu fein dafür, aber das sporne ihn nur immer weiter an. Und dass er genau richtigliege, zeige sich doch daran, wie sich alle auf das stürzten, was er zur Sprache bringe, und besonders seine Gegner könnten nicht aufhören, darauf herumzureiten, was sie so besonders garstig an ihm fänden, die würden ihm ja auch noch Dinge zum Vorwurf machen, die er nicht einmal gesagt habe. Aber er freue sich immer, diese sensationsgeilen Berichte zu lesen, und er begrüße deshalb auch alle seine Widersacher und Kritiker aus der Medienbranche. Hier nickte er freundlich Selma zu – manche aus der Menge schauten darauf in ihre Richtung. Er werde, sagte Popp, jenes Wort mit F ganz offen aussprechen. Flüchtlinge gäbe es zuhauf in diesem Land, und noch mehr Flüchtlinge kämen hierher. Die einfachen Leute wehrten sich dagegen. Und womit? Mit Recht! Sie wüssten genau: Erst seien die Fabriken weg, dann die Jobs, dann die Wohnungen. Dafür gäbe es jetzt Armenviertel und Terrorgefahr. Popp sagte: »Deshalb gehen wir den Weg für unser Heimatland und nehmen den Kampf gegen den Bevölkerungsaustausch auf. Wir wollen nicht zur Minderheit im eigenen Staat werden, wie es gewisse Herren der internationalen Finanzspekulation planen. Die Wahl ist auch eine Abstimmung darüber, ob diese Herren in unserem Land das Sagen haben oder wir selbst, denn wir sind das Volk.«

August beobachtete, wie Selma sich unaufhörlich Notizen machte, bestimmt war ihr auch die Rede von den international tätigen Spekulanten nicht entgangen. Er nahm die Kamera vors Auge und schoss ein Foto nach dem anderen. Popp redete gelassen und ruhig. Er wirkte heiter wie ein Showmaster, aber mit jedem Satz beschwor er den Abgrund, in den die alteingesessenen Parteien das Volk zu führen dabei waren. Dann erwähnte Popp wieder eine gewisse Journalistin, die alle seine Anhänger besudele, weil sie voller Hass sei, und auch wenn er Selmas Namen nicht nannte, johlte und grölte die Menge, denn alle wussten, wer gemeint war. Einer spuckte Selma vor die Füße, und kurz darauf traf der nächste ihre Jacke. August fuhr herum, doch Selma zog ihn am Ärmel zurück. Sie lächelte ihm zu und zuckte mit den Achseln, dann wischte sie sich den Speichel vom Kragen, um weiter zu notieren, was Popp von sich gab. Jede einzelne seiner Gemeinheiten klang wie ein harmloser Spaß – und der Spott ließ viele lachen, sodass nie ganz klar war, ob er es überhaupt ernst meinte, und erst als die Rede zum Höhepunkt kam und der baldige Wahlsieg in Aussicht gestellt wurde, sprach Popp nicht mehr das Gemeine, sondern das Allgemeine und das Gemeinsame an, die Liebe zum Land und zu seinen Leuten.

Popps Worte wummerten über den Platz, aber August hörte gar nicht mehr hin. Seine ganze Aufmerksamkeit gehörte der Kamera und den Fotos. Er drehte am Objektiv, suchte den richtigen Ausschnitt, und dann hatte er sie plötzlich im Blick. Sie stand im Hintergrund, an die Wand der Bühne gelehnt, halb verdeckt, aber er erkannte sie sofort. Und auch diesmal hielt er einen Moment inne, wie immer, wenn sie auftauchte, auf Pressekonferenzen oder bei Parteiveranstaltungen, und für einen Augenblick vergaß er, abzudrücken. Er fokussierte nicht mehr auf Popp, sondern stellte seinen Apparat scharf auf Marion Ettl, blieb hängen an ihr und an ihrem braunen Haar, das immer, wenn sie den Kopf zurückwarf, in Bewegung geriet, als führe ihr ein Windstoß in die Locken.

Sie war ihm schon vor Jahren aufgefallen. Damals, als blutjunge Journalistin, hatte sie in einer Pressekonferenz den Innenminister mit einer Frage zu einem Übergriff der Polizei auf einen Umweltaktivisten in die Enge getrieben, und als der sie abkanzeln wollte mit dem Hinweis, die Angelegenheit werde schon noch untersucht werden, parierte sie seine Ausreden und wusste besser über die Einzelheiten Bescheid als alle anderen Journalisten, Pressesprecher und Exekutivbeamten im Raum.

Mittlerweile schrieb Marion Ettl eine tägliche Kolumne im Kleinformat *TOTAL*. Was dort als Nachricht erschien, konnte sich jeder schenken, denn *TOTAL* war ohnehin gratis. *TOTAL* war die Zeitung mit der höchsten Auflage und dem niedrigsten Niveau im ganzen Land, also mit einzigartigem Erfolg auf dem Anzeigenmarkt. *TOTAL* war nicht nur ein Medium, es war eine Institution, das Zentralorgan der Voreingenommenheit und des Kleingeists, das Leib-und-Magen-Blatt des Spießbürgertums. Und während Martin Dingell dort täglich die Ressentiments der Volksgemeinschaft bestärkte, schrieb Marion Ettl mit jeder ihrer Glossen dagegen an, trat mit Esprit gegen die Hetze an. Sie rüttelte die Leser und Leserinnen mit ihren Zeilen auf, besänftigte die mit ihrem Humor, die ihre Positionen ablehnten, und ermutigte jene, ihren Ansichten treu zu bleiben, die ihr zustimmten. In ihrer Kolumne »Ettliches« schreckte sie nie davor zurück, vom Flüchtlingsleid und der Not der Obdachlosen zu erzählen. Sie ging los auf die Scharfmacher, auf die Kellernazis, auf die Lügner.

Mit seinem Objektiv holte August sie näher heran. Er drückte gerade auf den Auslöser, da war ihm, als schaue sie ihn an, worauf er, wie ertappt, wegschwenkte mit der Kamera, doch im selben Moment wusste er, dass er sich damit erst recht verraten hatte, und tatsächlich sah er, wie sie eine Braue hob und die Mundwinkel ein wenig herabzog. Er tat, als habe er nichts davon bemerkt, ging zur Tribüne, zeigte auf seinen Presseausweis, den er sich angesteckt hatte, stieg an der

Seite einige Stufen hinauf und fotografierte in die Menge. Im Gedränge erkannte er Selma, die ihm zunickte, während Popp seine letzten Sätze rief. Von oben herab machte er eine Aufnahme nach der anderen. Mäuler und Glotzaugen aufgerissen vor Begeisterung. Der ganze Platz eine einzige Anhimmelei. Danach das Gejohle und Geklatsche. Die Band spielte wieder auf, und die Hymne erklang erneut. »Ullí Ullí Ullí Ullíi – Úlli Úlli – Ulli Popp.« Popp winkte. Mit steil erhobener Rechter stand er da, und August schräg hinter ihm. Er knipste diesen Mann samt seinem hochgereckten Arm und der entzückten Masse vor ihm. Aber er wusste, dieses Foto war nicht gelungen. Es war zu billig. Zu übertrieben. Eine Lüge mit Hilfe der Wirklichkeit. So ein Foto würde nicht den demaskieren, den es zeigt, sondern den, der es gemacht hat.

»Ullí Ullí Ullí Ullíi – Úlli Úlli – Ulli Popp.« Popp im Kreis seiner Mitstreiter verließ nun die Bühne und ging zu den Leuten. Die Sicherheitsmänner stießen ihm den Weg frei. Popp griff nach den Händen, die sich ihm entgegenstreckten. Er küsste Frauen auf die Wangen. Eine Mitzwanzigerin reckte ihm ihr Dekolletee entgegen und reichte ihm einen Stift. Er signierte ihre nackte Haut. Dann schlang er seinen Arm um ihre Hüfte und posierte so für die Fotografen, halb ironisch, halb genüsslich in die Kameras zwinkernd. August blieb nah genug dahinter, um alles einzufangen.

Neben ihm entdeckte er Willi Scheine, einen Kollegen, einen alten Freund, der wie er ein Foto vom beschrifteten Ausschnitt geschossen hatte. August grüßte ihn, doch Willi nickte ihm nur kurz zu, offenbar wollte er Popp keine Sekunde aus den Augen lassen. Der Politiker ging mit weit ausholenden Gesten und einem Lächeln auf die Menschen zu. Er beugte sich hier zu einer Pensionistin hinunter, stieß dort mit einem Anzugträger an, der ihm einen Schnaps reichte, doch immerzu war es, als schaue er dabei nur zu Willi Scheine, der auch eilfertig seine Bilder machte, als ginge es darum, zu zeigen, wie Popp inmitten der Leute herausstach.

»Lass uns was essen«, sagte Selma, als August sie in der sich langsam verlaufenden Menge wiedergefunden hatte. Gemeinsam gingen sie in ein Gasthaus, das in der Nähe des Hauptplatzes lag. Bratenduft und Bierdunst schlugen ihnen entgegen. Die Redakteure der Boulevardmedien saßen an einem Tisch neben der Bar. Selma und August fanden an einem Tisch im Hinterzimmer noch einen Platz, bei denen, die für liberalere Zeitungen schrieben.

»Bin ich da richtig bei der Lügenpresse?«, fragte Selma, als sie sich setzte.

»Gib zu, Selma, dir gefällt es, immerzu das Opfer rechter Angriffe zu sein«, sagte der Kolumnist eines konservativen Blattes in die Runde.

»Nur weil ich nicht schreibe, dass er ein lupenreiner Demokrat ist? Oder weil ich seine Hetzreden gegen Roma, gegen Flüchtlinge und gegen die Presse nicht gut finde?«

»Wirfst du mir jetzt vor, ihn kleinzureden? Bloß weil ich nicht so tue, als wäre Popp der Führer höchstpersönlich und als wären seine Fans lauter Nazis?«

»Das habe ich nicht getan«, antwortete Selma.

Es gehe doch darum, meinte der konservative Kolumnist, zu verstehen, was die Leute bewege und warum Popp so gut ankäme. Immerhin sei ja nicht alles ganz dumm, was er von sich gebe. Popp werfe die richtigen Fragen auf, nur habe er die falschen Antworten.

»Die einzig richtige Frage ist, was ihr trinken wollt«, unterbrach ihn der Kellner.

August stand auf, um zur Toilette zu gehen. Vor dem Pissoir traf er wieder auf seinen Kollegen Willi Scheine. Er hatte ihn schon lange nicht mehr gesehen. August musste an jenen Fototermin vor einigen Jahren denken, als der Kanzler eine Rede an die Nation hielt. Ein Staatsakt mit Trommelwirbel und Fanfarentönen. Die Bühne lag im schummrigen Licht und war mit Fahnen geschmückt, die im Windzug des Ventilators wehten. Allen Fotografen und Fotografinnen war verboten worden, sich vor der Bühne zu versammeln oder sich zwischen den Sitzreihen zu positionieren. Nur ganz hinten durften sie sich aufstellen, um von dort aus ihre Bilder zu schießen. Mit Teleobjektiv. Willi Scheine hatte damals einfach die Kamera eingepackt und zu den anderen gesagt: »Das ist doch lächerlich. Gehen wir alle gemeinsam weg. Das können wir uns einfach nicht bieten lassen.« Und tatsächlich. Niemand von ihnen blieb. Alle verließen die Veranstaltung, und August war überzeugt, damals eine Sternstunde der Pressefotografie erlebt zu haben – und zwar ebendeshalb, weil am nächsten Tag keine einzige Aufnahme vom Auftritt des Kanzlers erscheinen sollte.

»Wie geht's?«, fragte August.

»Schon in Ordnung«, sagte Willi, während er am Hosenschlitz nestelte.

»Für wen bist du da?«

Er arbeite nicht für eine Zeitung, sondern sei von Popps Wahlkampfleiter engagiert worden, sagte Willi.

»Ausgerechnet du? Für Popp?«

August habe ein falsches Bild von diesem Mann, entgegnete Willi. Ulli sei ein umgänglicher und freundlicher Mensch. Er sei – auch wenn August das nicht glauben wolle – charmant, witzig, sogar sensibel, ja feinsinnig. Im Übrigen habe er ein Faible für Kunst. Und insbesondere für Fotografie.

August könne sich seinen Spott sparen, Popp zahle für Bilder viel mehr als alle anderen. Und nicht nur das. Er sei ein Kunstsammler. Gemälde, Skizzen, Porträts. Und er kenne niemanden mit einer so gut sortierten Bibliothek zu Hause.

August lächelte: »Du meinst, Popp ist ganz anders, wenn ihm gerade niemand zuschaut?«

Popp sei nicht weniger verlogen als die anderen, die gegen ihn antreten, sagte Willi, und es sei falsch, aus Ulli einen Rechtsextremen zu machen. »Ich bin wirklich nicht mit allem einverstanden, was er von sich gibt, aber immerhin hat der Mann ein Ohr für jene, die fürchten, immer weiter abzusinken. Die Leute haben eben ihre Probleme und Sorgen, und Ulli spricht aus, was eine Mehrheit denkt. Oder glaubst du etwa, die anderen wollen alle aufnehmen, die hier Asyl beantragen? Und wer von denen geht gegen Korruption vor? Wer von denen zwingt die Multis, endlich ihre Steuern zu zahlen? Wer von denen ist für uns da? Ich sage dir, die sind nicht für die vielen, sondern nur für die wenigen, die immer reicher werden.«

August fragte: »Aber hast du denn gar keine Angst, deinen Ruf als unabhängiger Fotograf zu ruinieren?«

August habe doch gar keine Ahnung, wovon er rede, gab Willi zurück. Was wisse er denn überhaupt noch von ihm. Die Zeiten, als er geglaubt hatte, mit seinen Aufnahmen die Welt zu verändern, seien jedenfalls vorbei.

Willi kehrte ihm den Rücken zu, als wolle er ihn stehenlassen, doch dann drehte er sich noch einmal um. Mit den Pressegeschichten könne er seine Familie nicht mehr durchbringen, raunte er ihm zu, nicht mehr seit seinem Infarkt, ja, wiederholte Willi, als August erstaunt die Augen aufriss, ein Herzinfarkt – und es sei ein Glück gewesen, dass er überlebt habe, denn wenn seine Frau nicht zufällig früher nach Hause gekommen wäre … kurzum, er sei nicht mehr jung und nicht mehr gesund genug, um den Jobs nachzujagen wie einst, als die Zeitungen auch noch anständig bezahlt hatten, und von irgendetwas müssten sie ja leben, immerhin seien da auch seine drei Kinder und deshalb könne er nicht wählerisch sein, und wenn nicht er, dann wäre eben ein anderer von Popp engagiert worden, so sehe es aus. Übrigens habe sich keiner seiner Freunde bei ihm gemeldet, als es ihm richtig dreckig ging, und auch die Zeitungen nicht, für die er gearbeitet hatte. Nur Ulli Popp war auf ihn zugekommen, nachdem er von seiner Krankheit gehört hatte. »Ulli ist wirklich im persönlichen Umgang ganz anders, als er öffentlich wahrgenommen wird. Das kannst du mir glauben.«

»Und wie geht es dir jetzt? Ich meine gesundheitlich …«

Er sei gut eingestellt, müsse aber kürzertreten. Weniger Stress, ausreichend Schlaf, aufpassen beim Essen und kein Alkohol, dafür Wandern und überhaupt regelmäßig Sport, aber ohne es zu übertreiben.

»Drei Kinder«, sagte August und lächelte. »Meiner studiert schon.« Das sei auch nicht einfach …

»Und für wen bist du hier?«, fragte Willi.

»Ich bin mit Selma Kaltak da«, antwortete er und sah, wie Willi schmunzelte, wobei August nicht klar war, ob es Anerkennung oder Spott war, was sich da auf seinem Gesicht zeigte. Willi klopfte ihm auf die Schulter, dann ging er zur Tür und hatte schon die Klinke in der Hand, als er zum Abschied meinte: »Im Grunde beschäftigt Popp uns ja alle, nicht wahr? So oder so.«

August stand nun allein vor dem Waschbecken, zog an dem Hebel des Seifenspenders, pumpte dreimal, bis ein weißer Klecks in seine Rechte geplumpst war, wusch sich die Hände und trocknete sie im warmen Luftstrom des Gebläses. Irrte er, oder waren ihm nicht gerade Vorwürfe gemacht worden? Er blickte in den Spiegel. Da stand er, in der Toilette eines Dorfwirtshauses, hinter ihm das Urinal, und schaute angepisst drein und beschissen aus. Was für ein Bild! Gerne hätte er jetzt ein Foto von sich selbst geschossen.

Auf dem Weg zurück zum Tisch kam er an der Bar vorbei, wo einige warteten, um zu zahlen, da hörte er in seinem Rücken einen kurzen spitzen Laut, und als er sich umdrehte, sah er, wie ein stämmiger Mitdreißiger einer Frau die Hand auf den Hintern legte, und alle schauten zu, ein wenig betreten manche, andere nicht ohne Interesse, doch die meisten teilnahmslos. Der Mann, ganz unverdrossen, rückte ihr noch näher, als wolle er sie beschwichtigen, dabei streichelte er ihr über die Schulter und zog sie zu sich heran – August sah das Entsetzen der Frau, die weit aufgesperrten Augen, den Ekel in ihrem Gesicht, und dann, bevor er die Situation richtig begriffen hatte, packten schlanke Finger jenen Kerl von hinten an den Haaren, rissen ihn zurück, und als der mit einem Schrei ins Taumeln geriet, erblickte August im Durcheinander den Kopf jener Person, die den anderen an den Haaren weggezerrt hatte. Es war Marion Ettl, die vorhin auf der Bühne hinter Popp gestanden war und sich nun vor dem Grapscher aufbaute, die Fäuste hob und in den Knien federte, und für einen Augenblick sah es aus, als ginge der auf sie los, und rundum das Glotzen der Herrenriege an der Theke, und einer von ihnen rief: »Super! Haut's euch«, und dann das Prusten und das Grinsen der bierseligen Runde, worauf August hinzutrat, sich breit vor Marion aufstellte und den Grapscher ruhig anschaute. Einen Moment lang wurde es still, dann stellte sich die Frau, die befummelt worden war, zu August und schrie: »Schleich dich, du Wixer«, was wiederum von den Männern ringsum mit einem verlegenen Kichern quittiert wurde, und da, ganz langsam und nicht ohne Feixen, wandte sich der Grapscher ab.

August wollte zurück zu seinem Tisch, da fragte die Journalistin: »Lust auf ein Glas Rotwein?«

Er nickte.

»Das war genial, wie du Popp von hinten aufgenommen hast. Ein Bild von August Becker.«

»Kennen wir uns?«

»Von Weitem schon, oder?« Sie schmunzelte und prostete ihm zu: »Auf deinen Schnappschuss. Ulli Popp als Doktor Seltsam.«

»Danke«, sagte August, »aber das war nur ein Winken. Das *Forum* bringt so etwas nicht.«

»*TOTAL* schon«, sagte sie: »Dein Foto, auf dem Popp mit erhobenem Arm zu sehen ist, lässt ja offen, was Popp da macht. Das ist die Verbildlichung der Debatte, die das ganze Land führt: Ist er ein Nazi oder nicht? Und diese Diskussion allein spricht ja schon für sich – und vor allem gegen Popp.« Es sei ihr schon klar, dass *TOTAL* unter dem Verdacht stehe, solche wie Popp herbeizuschreiben, doch so einfach sei das nicht, denn sie, Marion Ettl, könne durchaus schreiben, was sie wolle. »Ich habe den Freibrief. Claire Taich persönlich hat mich genau dafür engagiert, und sie ist die Chefin. Sie lässt mich schreiben, was ich will, und ich erreiche mit meiner Kolumne viel mehr Leute als ihr mit dem *Forum*. Mich lesen vor allem jene, die noch nicht überzeugt sind.«

»Da bist du ja!« Selma war von hinten an ihn herangetreten. »Hallo, Marion«, grüßte sie. Wieso er denn nicht zum Tisch zurückgekehrt sei. Hier sei seine Kamera. Die lasse er doch sonst nie herumliegen. Zum Essen bleibe jetzt leider keine Zeit mehr. Bald trete Popp im Kulturzentrum von

Aschen, einer Nachbargemeinde unweit von Oberfeist, auf. Morgen am Vormittag dann das Fest in Purer. Danach in Sulzen die Veranstaltung im engeren Kreis, und von dort noch ein Abstecher nach Grant. Der ganze Wahlkampf ein Staffellauf.

»Bis später«, verabschiedete sich Marion und steckte ihm, während Selma den Kellner aufhielt, um zu zahlen, ihre Visitenkarte zu.

»Marion Ettl – und August Becker?«, so Selma später und schaute ihn spitz an. »Alles nur um zu beweisen, dass du doch Eier hast?«

August antwortete nicht, schüttelte nur den Kopf.

Popps Auftritt im Aschener Kulturzentrum. August versuchte, Popp inmitten seiner Sicherheitsleute und seiner Entourage beim Gang durch den Saal zu erwischen. Er fotografierte ihn, als er nach der Rede durch die Reihen schritt und von seinen Anhängern umarmt wurde, auch später noch, als er mit seinen Beratern beisammenstand, doch am Ende war er mit keiner seiner Aufnahmen zufrieden. Es war alles nicht besser als das, was August auch bei seinen Kollegen langweilig fand.

Nach der Veranstaltung fuhren Selma und August wieder in ihr Landgasthaus nach Oberfeist zurück. Selma ging aufs Zimmer, um zu schreiben. August wollte die Fotos bearbeiten, aber sie wurden einfach nicht besser. Er war unzufrieden mit den Ergebnissen. Er beantwortete einige E-Mails, schaute sich Postings und Tweets an, klickte da und dort auf einen Link. Er sah sich die Bilder seiner Kollegen an, um danach den Schnappschuss von Popp mit ausgestrecktem Arm hochzuladen, hier auf seinem Account, warum auch nicht? Das war eben die Welt des Internets, und im Grunde hatte Marion doch recht, wenn sie sagte, die Aufnahme behaupte gar nichts, sondern mache bloß deutlich, welche Assoziationen Popp bei allen hervorrufe, selbst wenn er nur ein wenig steil in die Menge winkte.

Ein Griff in seine Jackentasche und er fand Marions Visitenkarte. Dass er sich über das Kennenlernen gefreut habe, teilte er ihr mit, dann entdeckte er die E-Mail von Ella.

»Hallo Kindsvater, ich bin froh, dass du für das Studium unseres Sohnes aufkommst. Er freut sich wahnsinnig. Und ich mich auch. Ich hätte nicht gewusst, woher ich das Geld nehmen soll. – Aber eigentlich schreibe ich dir aus anderen Gründen: Es geht um den Montag. Am Abend vor Tims Geburtstag sind wir alle um halb sieben im Lucca. Tim wird um sieben mit Charlie dort auftauchen. Er ist eingeweiht und hat Tim gebeten, ihn zu einem Essen mit seinem Chef zu begleiten. Kurzum: Tim weiß von nichts. Bis Montag. Alles Liebe.«

»Alles klar«, schrieb August zurück, doch insgeheim wurde ihm ein wenig schlecht. Zum einen, weil er nicht wusste, wann er ein Geschenk für Tim kaufen sollte und womit er ihm eine Freude machen könnte; zum anderen, weil er keine Ahnung hatte, wo er das Geld für das Studium auftreiben sollte. Er war einem spontanen Impuls gefolgt, als er so großspurig sein Versprechen gegeben hatte. Jetzt dachte er an seine letzte eiserne Reserve. Ein kleines Vermögen hatte sein Vater im Laufe der Jahre für die Perlen und die Diamantringe der Mutter ausgegeben. Eigentlich hatte August den Schmuck Tim hinterlassen wollen. Sollte er ihn jetzt zu Geld machen?

Um sich abzulenken, öffnete er noch einmal seinen Account. Unter seinem Foto von Popp mit gestrecktem Arm war ein Sturm losgebrochen.

Voll getroffen: Das ist er, der Nazipopp, schrieb *@antifuck*.

@braun88: Lügenpresse! Typisch! Kaum hebt einer die Hand, schon ist er ein Goebbels.

@linksum: Wenn das kein Hitlergruß ist.

@falleneagle45: Das war ein Winken. Ich war dabei.

@gingerleft präsentierte ein historisches Foto des Nürnberger Reichsparteitags, darauf zu sehen eine ganze Legion von Nazis im Sieg Heil vereint, dazu der Kommentar: *Claro. Die winkten damals ja immer nur alle.*

Darunter als Replik ein Foto von Selma Kaltak, mitten in der Menge auf dem Platz von Oberfeist und die Sätze: *Wen wundert's? Das ist das Nudelaug von diesem Dreckweib.*

@herman: Der linken Fotze ziehen wir noch die Haut ab!

@peter_huber2: Faschistoide Kampflesbe.

@germanboy: Der frustrierten Kaltak-Emanze sollten es einmal ein paar von den beschnittenen Asylanten besorgen.

August hielt die Luft an. Er wollte gerade antworten, da summte sein Smartphone. Eine Nachricht von Marion. Sie war noch in einer kleinen Bar ganz nah bei ihrem Hotel am Hauptplatz. Ob er nicht Lust habe, vorbeizukommen.

Ein paar Minuten später entdeckte er Marion in der Bar, neben ihr lehnte ein Mann an der Theke, von dem August nur den Rücken sehen konnte. Er zögerte, näher heranzugehen, da winkte ihm Marion und rief: »Hey, da bist du ja endlich«, als hätte sie schon Stunden auf ihn gewartet.

Jetzt drehte sich der andere um, und als August Ulli Popp erkannte, wollte er schleunigst verschwinden, aber Marion hob kurz die Brauen. Es war die stille Bitte an ihn, zu bleiben.

Ulli Popp lächelte August zu, freundlich, entspannt, den Kopf leicht geneigt, ganz anders als im Aschener Kulturzentrum vorhin oder auf der Bühne des Oberfeister Hauptplatzes. Als stünde da ein Mensch vor August, der dem Politiker nur äußerlich ähnelte. Ein Doppelgänger. Oder ein Zwilling, der gerne mit dem Bruder verwechselt wird, weil sie einander bis aufs Haar glichen, aber nur auf den ersten Blick, während der zweite und dritte die grundlegenden Unterschiede offenbarte. Popp blickte August an und schmunzelte, als wisse er genau, was in August vorgehe, nickte und grüßte mit sanfter Stimme: »Hallo. Sehr angenehm.«

Marion sagte: »Darf ich vorstellen? August Becker.«

»Da schau her. August Becker hier? Der Fotograf August Becker?«

August sah ihn von oben herab an. Abschätzig gab er zurück: »Ulli Popp hier? Der Rechtsextreme Ulli Popp?«

Popp lächelte: »Jaja, mit dem werde ich immer wieder verwechselt. Aber vielleicht bin ich es eben doch nicht, nicht wahr? Womöglich bin ich auch ein anderer. Ist das nicht der Satz, der uns alle verbindet? Der uns ständig gepredigt wird? Du bist viele, und gemeinsam sind wir noch mehr.« Er zeigte auf den Barhocker neben sich, und dann fragte er: »Was kann ich für Sie tun? Ich trinke gerade einen wunderbaren Montepulciano. Ein Glas davon?«

August atmete tief durch: »Ja, Sie können etwas für mich tun. Lassen Sie Ihre Hetze bleiben. Hören Sie auf, gegen Muslime, gegen Flüchtlinge, gegen kritische Medien, gegen die unabhängige Justiz mobilzumachen. Stellen Sie Ihre rassistischen Kampagnen ein!«

Popp blieb ganz freundlich. »Warum setzen Sie sich nicht, und wir besprechen das alles in Ruhe? Das wäre doch eine Gelegenheit, über die Parolen und Kampagnen hinaus zu denken. Oder fürchten Sie, dann feststellen zu müssen, dass ich unter Umständen ganz vernünftig mit Ihnen rede? Nehmen Sie doch Platz, und sagen Sie mir, worum genau es Ihnen geht.«

»Tun Sie doch nicht so, als wüssten Sie das nicht.«

»Sind Sie eigentlich wirklich der Fotograf August Becker?«, gab Popp zurück. »Wenn Sie tatsächlich der sind, dann müssten Sie doch interessiert sein, mich kennenzulernen, mir näherzukommen. Mehr festzuhalten, als die Schablone meiner selbst … sonst wird das Bild doch nur flach, oder?«

August verstand, dass Popp nur wegen Marion hier saß. Es war ungewöhnlich, dass er ohne sein Gefolge auftauchte. August setzte sich auf den Hocker. »Ein Foto kann nicht tiefgründiger sein als der, den ich fotografiere. Aus einem Nazi wird kein Wohltäter der Menschheit werden. Das ist doch klar, oder?«

Popp zuckte mit den Achseln, dann sagte er zum Barmann: »Bitte noch eine Flasche Montepulciano und ein Glas für den Herrn.« Und zu August wieder: »Ist wirklich gut.« Dann fügte er hinzu: »Mich zu einem Monster zu machen, bringt nichts. Das ist genau der Hass, den zu schüren mir zu Unrecht vorgeworfen wird.«

»Sie tun so, als gäbe es keinen Grund dafür. Als würden Sie nicht gegen Selma Kaltak hetzen, um nur ein Beispiel zu nennen.«

Popp wiegte den Kopf: »Selma Kaltak, sicher eine kluge Frau, aber …«

»Eine sogenannte Journalistin haben Sie Selma genannt.«

»Sie hat die Leute auf meinen Kundgebungen beschimpft.«

»Nein, beschrieben!«

»Unsinn: beleidigt! Immer wieder dasselbe. Da wird Toleranz und Verständnis gepredigt. Aber nur für die anderen. Die Wut der eigenen Leute ist verwerflich, doch die fremde verdient Respekt.«

»Der Hass, der Selma im Netz entgegenschlägt, ist Ihnen

egal.« August erzählte von den Mordaufrufen in den sozialen Medien.

Popp schüttelte den Kopf: »Das ist schrecklich. Selbstverständlich bin ich gegen solche Tweets und Postings. Ich bin gegen jede Gewalt. Aber wer wird denn die ganze Zeit angegriffen? Was bedeutet es, wenn ich zum Nazi gestempelt werde? Wenn ich zu einem Hitler gemacht werde? Ist das keine Aufforderung, loszuschlagen? Was sollte denn sonst mit dem Führer geschehen, wenn er wieder da wäre? Müsste da nicht sogleich der Tyrannenmord verübt werden? Um uns zu verhindern, seid ihr doch zu allem Möglichen bereit. Habt ihr euch schon einmal dafür interessiert, welche Drohschreiben ich erhalte?«

»Das sind doch nicht wir«, widersprach Marion. »Um uns herum gibt es keine Terrorszene. Niemand, der mit Springerstiefeln, Helmkamera und Waffen losgeht, um Synagogen oder Moscheen zu stürmen.«

Popp seufzte: »Mag schon sein, aber vielleicht gibt es diese Irren nicht so sehr wegen meiner Reden, sondern wegen eures Schweigens. Die Probleme sind doch nicht von der Hand zu weisen. Anschläge gibt es nicht nur von Rechten. Was ist mit den Islamisten, die einem den Kopf abschneiden, sobald man es wagt, den Propheten zu zeichnen? Was ist mit dem politischen Islam? Dazu seid ihr stumm. Da fällt euch nichts ein. Rassistisch ist, dass ihr gegen diese Mörder nichts sagt, und zwar nur, weil sie Muslime sind.«

»Ihr hetzt gegen alle Moslems«, antwortete Marion.

Popp winkte ab: »Wir nennen nur das Kind beim Namen. Ich spreche aus, was los ist. Davor hatte ich noch nie Angst. Auch in meinem ersten Beruf ging es darum.«

»Er war Tierarzt«, erklärte Marion und fügte hinzu: »Deshalb spricht er zu den Menschen, als wären sie Schafe.«

Aber Popp erwiderte darauf nur: »Die Leute haben genug von eurem Friede-Freude-Eierkuchen-Gesülze.«

»Und deswegen Ihre Hassreden?«, fragte August.

»Die Leute sind zornig, das ist eine Tatsache. Und ihr wollt ihnen das verbieten. Aber sie lassen sich das nicht mehr gefallen. Ich spreche aus, was sie sich denken, was ihnen durch den Kopf geht im Geheimen. Deshalb sind sie mir auch nicht böse, wenn ich einmal danebengreife.«

»Ich kann mir schon vorstellen, wo Sie gerne danebengreifen würden.«

»Wirklich? Interessante Assoziation ... Habe ich zwar nie getan, aber ... Ich verrate euch ein kleines Betriebsgeheimnis: Hätte ich es getan, würde es mir auch nicht schaden. Aber einem von euch würde so etwas nie verziehen werden.«

»Du meinst, du kannst dir also alles erlauben?«, fragte Marion.

Popp lachte: »Bei dir sicher nicht.« Und dann mit einem Grinsen: »Würde ich dabei erwischt werden, wie ich Illegale über die Grenze schmuggle, wäre ich erledigt.«

»Dann müssen wir uns um dich ja keine Sorgen machen. Das wird dir schon nicht passieren«, meinte Marion.

»In euren Augen kann ich ohnehin nichts richtig machen. Selbst wenn ich ein Asylheim eröffnen sollte, würdet ihr darin eine besondere Gemeinheit sehen. Selma Kaltak darf über meine Anhänger herziehen und sie diffamieren. Nur mir wird vorgeworfen, nicht zu differenzieren.«

»Das ist politische Kritik, nicht Hetze«, so Marion.

»Ja, bei uns nennt ihr alles Hetze, bei euch ist derselbe Gedanke Ausdruck kritischen Denkens. Es ist doch egal, was ich sage. Ich werde immer als Rassist abgestempelt.«

August bemerkte, dass Popp nun nicht mehr ironisch lächelte, sondern wie ein trotziges Kind dreinsah, wie einer, der sich ungerecht behandelt fühlte. Aber nach einem kurzen Moment kehrte sein spöttisches Lächeln zurück. »Wir sind es nicht, die den politischen Gegner verteufeln und ihn einen Nazi nennen! Ich akzeptiere alle als Demokraten. Aber jene, die uns nicht akzeptieren wollen, sind keine.«

»Dann«, so August, »sind alle anderen außer Ihnen undemokratisch?«

Popp schmunzelte: »Aber woher denn? Die meisten rechnen mit uns und wissen genau, dass wir nach den nächsten Wahlen eingebunden werden müssen.« Er schenkte allen Wein nach: »Schmeckt gut, oder? Es ist doch ganz simpel, unsere Bewegung ist ein Aufstand der einfachen Leute. Die stellen ganz normale, naheliegende Fragen, wie immer, doch die Antworten darauf stimmen nicht mehr. Sie sehen, dass die Zuwanderung nur denen nutzt, die sowieso obenauf sind, während sie ins Abseits gedrängt werden. Die Zeit arbeitet für uns, und zwar überall, nicht nur in Oberfeist. Wir sind Zeugen einer globalen Bewegung.«

»Diese Bewegung«, sagte August, »gefährdet die Demokratie.«

Marion nickte, aber Popp schüttelte den Kopf: »Weil wir für das Vorrecht der Mehrheit sind und nicht für jenes der Minderheiten? Nein, wir sind nicht faschistisch. Wir paradieren nicht in Uniform durch die Städte. Die Positionen, die wir vertreten, hat es schon lange vor den Nazis gegeben. Ich bin kein Nazi.«

»Jetzt vielleicht nicht, aber wären Sie damals auch keiner gewesen?«

»Und Sie, Herr Becker? Können Sie es für sich ausschließen?«

August Becker schwieg.

Marion sagte: »Ausschließen müsstet ihr zunächst manche eurer Leute, die es sehr wohl sind.«

Popp lächelte wieder: »Ihr tut so, als wären bei euch alle lupenreine Demokraten. Ihr kommt uns immer mit der Vergangenheit, weil ihr keine Antwort auf die Zukunft habt. Aber das wird euch nichts nützen. Ihr könnt uns nicht mehr ausgrenzen.«

»Das werdet ihr schon ganz allein und von selber hinkriegen«, sagte Marion, worauf Popp meinte: »Ihr werdet auch noch euer blaues Wunder erleben«, und dabei seinen Arm um sie legte und ihre Hüfte berührte.

Sie schob seine Hand von ihrer Taille weg und sagte: »Hallo, Herr Popp, willst du vielleicht mit mir Platz tauschen? Dann wärst du näher bei deiner Hand, oder?«

Popp lachte und zog seine Rechte zurück, worauf Marion erst mit ihm, dann mit August anstieß – und als Popp daraufhin ihm zuprostete, hob er verhalten auch sein Glas.

»Ich bin übrigens ein Fan«, sagte Popp. »Ich wollte als Bub immer nur Fotograf werden. Das war mein Jugendtraum. Zuerst ging es nur darum«, er sah Marion an, »die Mädels vor die Kamera zu kriegen. Aber dann wollte ich vor allem Menschen porträtieren.«

»Sie haben als Fotograf gearbeitet?«

»Ich wollte es. Aber ich habe nicht das Auge dafür. Ihre Fotos, August, zeigen die Leute, wie sie wirklich sind.« Er hielt inne und nickte: »Deswegen kann ich mir gar nicht vorstellen, dass Sie mich so einseitig wahrnehmen.« Er nahm einen Schluck und dann: »Sie werden es vielleicht nicht glauben, aber ich sammle Ihre Arbeiten.«

Marion sagte: »Es ist wahr. Das ist seine Leidenschaft.«

»Ich bin ein Bewunderer, August. Seit Langem. Ihre Fotos helfen mir, meine politischen Gegner zu verstehen, ja zu durchschauen. Sie erfassen, was diese Personen ausmacht.«

»Mir scheint, der will mir schmeicheln«, sagte August zu Marion gewandt.

Und Popp, ebenfalls an Marion gerichtet: »Um ihn geht es gar nicht. Nur um die Bilder. In den Fotos steckt das wahre Ich, das Beste, das Hellsichtige von August Becker. Stimmt doch, oder? Das ist es, was ihn besonders macht. Was bleibt denn vom Becker ohne Kamera?«

August gab zurück: »Und was ist der Popp ohne Popanz?«

Popp nippte vom Wein, und während er Marion anblickte, raunte er: »Nun wird's interessant, oder? Was meinst du, Marion?«

»Wir sind ein Paar«, antwortete sie, fasste nach August und drückte seine Hand. »Frisch verliebt.«

Popp schmunzelte: »Wie wunderbar«, dann hob er noch einmal sein Glas und prostete den beiden zu.

»Und selbst?«, fragte August. »Nicht verliebt? Nicht verheiratet?«

»Geschieden.«

»Kann es sein«, konnte sich August nicht verkneifen zu fragen, »dass da eine Frau mit dem privaten Popp zusammengekommen ist, aber nicht mit dem öffentlichen Popp leben wollte? Vielleicht hat sie verstanden, dass Popp immer auch ein ganz anderer ist.«

Popp schüttelte den Kopf: »Sag ich doch … Schablonen, nichts als Schablonen. Wie soll da ein gutes Foto herauskommen, mein lieber August? Wir sagen doch du, oder? Als ob nur die Ehen rechter Politiker auseinandergingen. Lass mich raten, August? Auch schon geschieden?«

August schwieg, aber Marion meinte, Ullis Geschichte sei schließlich bekannt. Die habe doch die Runde durch alle

Medien gemacht. Ob August die eigene Zeitung nicht lese. Seine Frau, die Mutter der gemeinsamen, mittlerweile erwachsenen Tochter, habe sich von Ulli scheiden lassen und bald darauf wieder verlobt. Aber dann sei sie schwer erkrankt, Krebs. Bronchialkarzinom. Der Neue habe sie daraufhin verlassen. Der habe sie einfach stehengelassen oder – besser gesagt – liegengelassen im Krankenhaus. »Ulli kümmert sich seither um sie. Er bezahlt alle Behandlungen.«

Während Marion erzählte, schaute Popp nur stumpf ins Glas. Das Gesicht war wächsern geworden, und wieder sah August ein gekränktes Kind vor sich, aber diesmal ganz ohne Selbstgerechtigkeit, sondern nur voller Trauer.

»Im Grunde«, sagte Marion, »kann manch Linker sich da einiges abschneiden.«

Popp winkte ab: »Das habe ich nicht als Politiker gemacht. Auch nicht aus Liebe. Es geht um die Familie. Sie ist die Mutter meines Kindes. Das ist das Mindeste, oder?«

»Darauf trinken wir«, meinte Marion, und diesmal stieß auch August an.

Ulli Popp lenkte zu einem anderen Thema über: »Sag mal, August, was gibt dir das *Forum* so für ein Bild von mir? Wie viel bringt es dir ein?«

August nannte den Betrag.

»Was«, rief Popp, »das kann jetzt nicht wahr sein! Das ist doch eine Frechheit. Du bist ja nicht irgendwer.«

»Bei uns würdest du mehr bekommen«, so Marion.

»Ja«, sagte Popp und schüttelte dabei den Kopf, »aber *TOTAL* bringt ganz andere Fotos«, dann nach einer kurzen Pause: »Ihr seid also zusammen …«

»Der Fotoliebhaber Ulli Popp wundert sich also über meine Situation«, sagte August mit galligem Unterton, »dass ich nicht lache! Wer hat denn Willi Scheine engagiert? Wer hält sich seinen eigenen Haus- und Hoffotografen? Wer ist es, der die Redaktionen mit diesen Inszenierungen beliefert? Der Kenner Popp! Und was machen die Redakteure, die niemals bereit wären, sich die Texte von der Pressestelle einer Partei, geschweige denn von Ulli Popp und seinen Leuten schreiben zu lassen? Die Redakteure nehmen die Propagandabilder, weil sie billiger sind!«

»Reg dich nicht so auf«, sagte Marion und strich ihm, wie nebenbei, über den Oberschenkel.

»August hat vollkommen recht«, pflichtete Popp bei, »genau so funktioniert das. Aber wer von euch hat Scheine geholfen, als es ihm dreckig ging nach seinem Herzinfarkt? Für euch war er doch schon gestorben. Oder? Aber ich mach dir einen Vorschlag, August. Für ein Foto – kein gefälliges, kein billiges, im Gegenteil, für ein richtiges Beckerfoto, für ein besonderes, das du nicht dem *Forum* und auch niemandem sonst gibst, sondern nur mir, eines, das du auswählst, das deinem Geschmack, deinen Standards entspricht – würde ich dir gerne ein angemessenes Honorar bezahlen.«

»Angemessen?«

»Allerdings. Und zwar so viel.« Popp holte einen Kugelschreiber aus seinem Sakko, griff nach einer Papierserviette und schrieb eine Zahl drauf.

Es war eine unfassbar hohe Summe. Unweigerlich musste August an Tim und sein Studium denken. Ihm wurde schwindlig. War ihm der Alkohol zu Kopf gestiegen – oder vielleicht eher dem Politiker? Er schob die Serviette von sich weg. Schüttelte den Kopf.

Marion sagte: »Ich weiß nicht, wer von euch beiden verrückter ist. Derjenige, der so ein Angebot macht, oder der, der so viel Geld ablehnt.«

August tippte auf die Serviette: »Soll das ein Witz auf meine Kosten sein?«

»Nein«, sagte Popp und lächelte. Es sei ihm ernst mit seinem Vorschlag. Ein Bild von August fehle in seiner Sammlung. Das sei ihm viel wert.

Sie saßen noch Stunden nebeneinander, ehe Marion sagte: »Genug. Ich bin müde. Morgen müssen wir früh los. Alle drei«, und dann zu Popp: »Wie schaffst du das, morgen wieder aufzutreten? Bist du nicht völlig erschöpft?«

Er könne nicht abschalten nach den Auftritten, sagte Popp und zuckte die Achseln. Er bleibe lange wach. Und er brauche nicht viel Schlaf. In der Früh breche er auf, ehe die anderen munter seien.

Marion sagte zu August: »Gehen wir?«

Popp übernahm die Rechnung.

Vor dem Eingang zu ihrem Hotel wollte August gerade fragen, was sie sich eigentlich dabei gedacht hatte, ihn ohne Vorwarnung diesem Kerl auszusetzen, aber er wusste nicht, wie er ihn, nachdem er so lange mit ihm in einer Bar gestanden hatte, nennen sollte – Scheißnazi?, Hassprediger?, Brandstifter?, und auch dann noch zu behaupten, sie seien ein Paar –, doch da umarmte sie ihn schon und flüsterte: »Verzeih mir«, und dann: »Danke dir«, worauf er gar nichts mehr sagte, und in den nächsten Stunden schwiegen sie eingehend zusammen, bis sie ineinander einschliefen.

5

Am nächsten Tag schlich er sich früh davon, während Marion noch schlief. In seinem Zimmer im Gasthof zog er eine Jogginghose und ein Trikot an, schlüpfte in die Laufschuhe und rannte auf die Straße hinunter und von dort bis zum Hauptplatz, dann folgte er einer Gasse hinaus aus dem Ort bis an den Waldrand, dort bog er auf einen moosigen Pfad ab, der ihn weiter hinein ins Gehölz führte.

An einer Gabelung traf er auf einen anderen Jogger, der ihm zunächst hinterherlief, dann, als er ihn überholte, kurz zu ihm herüberblickte und ihm ein »Hallo« zurief. Erst da erkannte August Ulli Popp, der sich hinter Sonnenbrille und Mütze versteckte. August keuchte ihm hinterher, während Popp leichtfüßig über den Blätterboden und das Wurzelwerk federte; nach zwanzig Minuten war August ziemlich außer Atem. Der Kopf brummte ihm noch vom Alkohol der letzten Nacht, außerdem waren Marion und er erst spät eingeschlafen. Bestimmt wäre es dem Politiker ein Leichtes gewesen, ihm davonzueilen, doch stattdessen wurde er ein wenig langsamer, passte sein Tempo August an.

Kurz vor sieben Uhr waren sie wieder zurück in der noch schlafenden Kleinstadt. »Nicht schlecht«, sagte Popp, während er auf sein Handy schaute und laut ablas, was da an Entfernung, Zeit und Geschwindigkeit aufgezeichnet war. Dann die Dehnungsübungen, und während Popp sein Bein abwinkelte, den Knöchel mit der Hand umfasste und die Ferse zum Gesäß zog, fragte er, ob August Kinder habe.

Ja, antwortete August, und erzählte, dass Tim die Aufnahmeprüfung an jener ausländischen Spitzenuni geschafft hatte.

Popp hob den Daumen: »Toll.« Ob Tim schon in einer

festen Beziehung sei, fragte er, und August machte einen weiten Ausfallschritt und drückte mit beiden Händen gegen eine Mauer, als wolle er das Haus wegschieben, dann nickte er und meinte, sein Sohn sei seit zwei Jahren mit seinem Freund Charlie zusammen. Er lauerte auf Popps Antwort. Insgeheim hoffte er darauf, dass er sich borniert, womöglich homophob gab, um angemessen scharf kontern zu können.

Aber Ulli Popp sagte nur: »Wenn sie einander lieben, werden sie auch eine Fernbeziehung überstehen. Und es gibt ja auch Billigflüge … Da kann er ihn am Wochenende besuchen.«

Selma sagte es ihm auf den Kopf zu. Sie sah es ihm offenbar an, als er in den Frühstücksraum kam. Nicht an seinen Haaren, die struppiger als sonst waren. Nicht an seinen Augen, die ihm vorhin beim Blick in den Spiegel selbst ein wenig verhangen erschienen waren. Es musste sein Auftreten sein, er fühlte sich zufrieden und selbstbewusst wie schon lange nicht mehr.

Selma sagte bloß: »Marion Ettl!« Mehr nicht. Mehr brauchte es nicht. Damit war das Urteil gefällt. Und er – keine Antwort, kein Schulterzucken und kein Blinzeln. Widersprechen konnte er nicht, stattdessen tat er, als habe er sie nicht gehört, und ging zum Büfett. Camembert und Brot, Tomaten und Paprika, Espresso und Orangensaft. Damit kam er zurück an den Tisch, und sie wiederholte nur: »Marion Ettl.«

Er drückte den Käse auf die Brotscheibe. »Und? Suchst du dir jetzt einen anderen Fotografen?«

»Wieso denn? Ich freue mich für dich.«

Er kaute langsam, während er sie anschaute. Dann griff er zum Orangensaft und ließ sie auch da nicht aus den Augen. »Wann beginnt eigentlich die Veranstaltung in Purer?«

Selma nickte. »Wir müssen bald los.«

Als sie endlich aufbrachen, stand auch Marion auf der Straße vor dem Hotel: Sonnenbrille in auffälliger Schmetterlingsform, verspiegelte Gläser. Sie packte gerade ihre Reisetasche in den Kofferraum ihres paprikaroten Mini.

Da sei sie ja, sagte Selma mit süffisantem Unterton. »Willst du sie gar nicht begrüßen?«

»Kannst du das bitte bleiben lassen.«

»Was denn?«

Er brauche wirklich keinen Vormund, erklärte August, als sie an der Kirche vorbei und dann auf der Hauptstraße aus dem Ort hinaus fuhren, aber es klang, als müsste er sich rechtfertigen.

»Ich habe doch gar nichts gesagt«, antwortete Selma spitz, worauf sie sich bis kurz vor Purer anschwiegen. Selma überflog die neuesten Nachrichten auf ihrem Smartphone, sendete Kurznachrichten an die Redaktion, wechselte einige Herzchen, Smileys und Kussmünder mit ihrem Dino, wie August aus den Augenwinkeln sah. Vor der Ortseinfahrt nach Purer stockte der Verkehr. »Wahlkampf als Volksfest«, kommentierte Selma.

August zuckte mit den Achseln, das machten ja alle Politiker so, nicht nur Popp. Es gehe einfach darum, die eigene Basis zu mobilisieren. Bier und Musik seien ja wohl noch nicht faschistisch. Selma sah ihn wortlos an.

An der nächsten Querstraße, die aus einem Waldstück herausführte, sah er Marions paprikaroten Mini wieder. Sie musste eine Abkürzung genommen haben, um dem Stau vor Purer auszuweichen, aber nun ließ sie für das letzte Stück in den Ort hinein niemand in die Kolonne. Er hielt an, um ihr Vorrang zu geben, sie hob zum Dank die Hand und reihte sich vor ihnen in die Schlange ein.

»Heute bist du so rücksichtsvoll. Gar nicht auf Vollgas …«, spottete Selma.

Er verdrehte die Augen. »Kannst du dich jetzt endlich einbremsen?«

Sie machte sich ein paar Notizen, dann schaute sie auf, drückte den Fensteröffner und drehte das Gesicht in den Luftzug. Sie vertrage das Schreiben im Auto nicht, sagte sie. Ihr werde dann immer schlecht. Aber wenige Sekunden später ließ sie die Scheibe wieder hochfahren. Es stinke schon nach heißem Fett und Gegrilltem. Das verstärke die Übelkeit noch. Es sei kaum zum Aushalten. Gleich müsse sie sich übergeben!

»Bitte nicht hier drinnen«, meinte er.

Selma sagte: »Ich bin fremd hier. Allein die Art, wie Popp meinen Namen ausspricht. Damit ist alles gesagt.«

»Du übertreibst. Das klingt nur in deinen Ohren so. Außerdem kann Popp nicht bestimmen, wer hier fremd ist. Popp ist kein Diktator und nicht einmal ein Nazi.«

»Nein«, sagte Selma, und dann fügte sie hinzu: »Natürlich rennt Popp nicht mit der Hakenkreuzfahne durch die Gegend. So blöd ist er nicht. Aber wären er und die Seinen damals etwa nicht Nazis gewesen?«

»Ich habe ihm genau diese Frage gestellt«, gab August zurück, »und Popp wollte wissen, ob ich denn ganz sicher sei, dass ich kein Nazi gewesen wäre. Und weißt du was: keine Ahnung. Wer kann sich da sicher sein?«

»Du hast ihn persönlich gesprochen? Wann denn?«

Die Kolonne setzte sich in Bewegung. Der Stau löste sich langsam auf. »Es geht endlich weiter«, sagte er.

Ob er sie nicht gehört habe, so Selma. Wo er Popp denn getroffen habe?

»Gestern Abend. In einer Bar. Am Hauptplatz.«

»Du warst mit ihm einen heben?«

»Ich traf ihn zufällig. Und es ist doch gut, wenn ich ihn besser kennenlerne.«

»Ein vertrauliches Kennenlernen zu dritt? Mit Marion Ettl?«

Er schüttelte den Kopf: »Was bildest du dir eigentlich ein? Ich habe ihn zur Rede gestellt.«

»Soso. Und? Ist er nett?«

Es waren nicht ihre Worte, die ihn erschreckten. Es war ihr Lächeln. Selma Kaltak – eine Eiskönigin. Alles zwischen ihnen war eingefroren. Dabei hatte er doch keinen Fehler begangen. Es war ja ihre gemeinsame Aufgabe, möglichst nahe an Popp heranzukommen, um ihn zu porträtieren. Es konnte doch kein Kontaktverbot geben, wenn er Popp fotografieren sollte. Warum fühlte er sich dennoch schlecht? Weil er ihr nicht beim Frühstück alles erzählt hatte? Vom gemeinsamen Abend und dem morgendlichen Waldlauf, den er noch gar nicht erwähnt hatte. Machte ihn das ihr gegenüber zum Verräter? Ihr davon zu berichten, hätte bedeutet, zuzugeben, dass er Popp nicht nur abstoßend fand, sondern, im Gegenteil, witzig und geistreich, sogar selbstkritisch. Er hätte ihr und sich eingestehen müssen, dass er etwas an Popp anziehend fand. Und er wäre gezwungen gewesen, auch von Marion Ettl zu reden, davon, wie gut sie sich mit Popp verstand, wie sie seine Nähe suchte, um mehr von ihm zu erfahren, weshalb sie ihn, August, als Anstandsdame eingespannt hatte, ein Spiel mit dem Feuer. Selma, das wusste er, hätte sich niemals dazu hergegeben, so leidenschaftlich sie ihre Recherchen auch betrieb. Nichts als Verachtung hatte sie für diejenigen übrig, die einen koketten Augenaufschlag oder ein warmherziges Lächeln einsetzten, um das zu bekommen, was sie wollten. Marion Ettl hingegen war eine Grenzgängerin, und August war davon gestern Abend Zeuge geworden.

Sie hätten beide, Marion und er, diesen Popp zur Rede gestellt, wiederholte August.

Selma zog die Brauen hoch. »Lass Marion aus dem Spiel … Warum erzählst du mir nur so ganz nebenbei von deinem Treffen mit Popp? Als wäre das nur ein unwichtiges Detail? Weißt du eigentlich noch, warum wir hier sind?«

»Er war halt in derselben Bar«, murmelte August. »Ist es jetzt etwa verboten, mit denen zu reden?«

»Und? Wie war es?«

»Er ist eigentlich anders, als ich dachte.«

»Wie denn?«

August zuckte mit den Achseln: »Auch nur ein Mensch?«

»Ja«, sagte sie, »aber halt ein schlechter.«

»Als Politiker schon …«

»Als was denn nicht? Als Saufkumpan, als Kumpel, als Trainingsgefährte? Geht ihr jetzt gemeinsam kegeln, in die Sauna, oder wollt ihr zusammen durch den Wald laufen?«

August stöhnte, worauf Selma ihn von der Seite ansah. »Was denn?«

»Na ja …« Er zuckte mit den Achseln, »wir waren heute früh gemeinsam joggen.«

»Wie bitte? Was? Ich glaube, ich höre nicht richtig.« Sie lachte bitter. »Und vor ein paar Tagen hast du ihn noch nicht einmal fotografieren wollen. Du hast ihn einen Nazi genannt!«

»Das hab ich so nie gesagt.«

»Wer denn sonst? Ich hab's noch genau in den Ohren. Das waren deine Worte.« Sie schüttelte den Kopf: »Ich fasse es nicht. Und jetzt ist er dein Buddy, dein Sportskamerad, und du bist sein neuer Laufbursche.«

»Selma, wir waren nur beide joggen. Und sind uns zufällig dabei über den Weg gerannt. Das hat nichts zu bedeuten. Sollen wir jetzt aufhören, mit denen zu reden?«

Darauf sie: »Vergiss es.«

Er suchte nach einem Parkplatz. Der Hauptplatz und die anschließenden Gassen waren gesperrt. Jahrmarkt in Purer. Keine Möglichkeit, das Auto abzustellen, jede Nische war bereits belegt. Arkaden, eine Kirche, der historische Stadtkern, alles frisch herausgeputzt und in Pastell eingefärbt, Fassadenprunk, um das Vakuum dahinter zu kaschieren. August kreiste bereits zum dritten Mal um den Ortskern, als er an Marion vorbeifuhr. Sie stieg gerade aus ihrem Mini, den sie zur Hälfte auf einem Fußgängerübergang abgestellt hatte. Ein Verstoß gegen die Verkehrsordnung, doch in dem Rummel würde sich ohnehin kein Polizist die Mühe machen, Strafzettel zu verteilen. Es half nichts, sie mussten wieder raus aus dem Ort, und endlich, schon hinter dem Ortsschild, konnte August den alten Kombi zwischen zwei Lastwagen zwängen.

Der Weg zurück ins Zentrum war ein Kampf durchs Gedränge im Gedröhne der Blasmusik, drei Ecken weiter pumpte Techno aus Lautsprechertürmen, und über allem lag der Geruch von Zuckerwatte und Bratwurst, von Bier und Hotdog. Da und dort schon erregtes Gegröle. Trubel, Jubel, Heiserkeit. Als es Selma und August endlich ins Zentrum des Geschehens geschafft hatten, war Ulli Popp schon da, ließ sich den Weg zwischen den Ständen hindurch bahnen, griff nach den Händen, die sich ihm entgegenstreckten, schickte Küsschen in alle Richtungen, zwinkerte August zu, als er ihn entdeckte mit Selma an seiner Seite.

Irgendwer rief Popp etwas zu, bei August kamen nur Wortfetzen an, »… ist da …«, hörte er, und ihm schien, es war von Selma die Rede. Popp gab etwas zurück, worauf alle um ihn hämisch lachten.

Marion stand nah bei Popp, ruhig und nachdenklich

wirkte sie. August nahm sie in den Fokus, drückte ab, aber dann schwenkte er mit dem Sucher zurück, erinnerte sich der Aufgabe, derentwegen er hier war. »Ullí Ullí Ullí Ullíi – Úlli Úlli – Ulli Popp.« Er nahm ein Foto nach dem anderen auf, entschlossen, endlich das Bild dieses Mannes zu schießen, wie er, August, ihn sah. Er drängte sich durch die Menge, schob andere zur Seite, rücksichtsloser als sonst, er brauchte den Schuss, den Schnappschuss, den er ins Blatt rücken konnte. Popp war da, um sich zu zeigen, aber ohne sich eine Blöße zu geben. Und August hielt Ausschau, lauerte auf den Augenblick, in dem der andere alle Vorsicht vergessen und aus der Deckung kommen würde.

Popp wurde ein Schnaps gereicht. Er schüttete ihn auf ex hinunter, biss in das Brot mit Bergkäse, das man ihm in die andere Hand gedrückt hatte, aber gleich wurde er weitergeschoben, hin zum Riesenfass auf einer Rampe. Davor ein Fettwanst mit Holzschlegel und Zapfhahn. Popp griff danach. Ihm wurde eine Schürze aus schwarzem Leder umgebunden. »Gleich ist es so weit«, brüllte der Beleibte ins Mikrophon. »Es hat ein wenig gedauert, weil so viele heute da sind, um unseren Ulli Popp zu sehen.« Das Johlen der Menge und dann wieder die Hymne: »Ullí Ullí Ullí Ullíi – Úlli Úlli – Ulli Popp.«

Der Fettwanst wartete, bis der Schlachtgesang verklungen war: »Meine Damen und Herren, jetzt aufgepasst. Haltet euch bereit. Wir haben genug Bier für alle!« Jubel und Ulli Popp in seinem Element. »Unser Ulli Popp wird jetzt für uns das Fass anstechen. So ein Hieb ist keine Kleinigkeit. Aber beim Ulli mache ich mir keine Sorgen. Bei dem heißt es immer: Schlag auf Schlag! Was meinst du, Ulli? Wie viele wirst du brauchen?«

»Noch hat sich niemand beschwert, dass ich keine starke

Rechte habe«, rief Popp ins Mikrofon: »Eher im Gegenteil!« Gegröle und wieder die Wahlkampfhymne: »Ullí Ullí Ullí Ullíi – Úlli Úlli – Ulli Popp.«

Popp bat um Ruhe. »Aber das Wichtigste ist, liebe Freunde, wir sind ein eigener Schlag von Menschen, und das wollen wir auch bleiben. Wir halten zusammen. Bei diesem Fest gibt es kein Rechts und kein Links. Alle gemeinsam helfen wir mit, das Bier zu vernichten! Es ist genug für alle da!« Gejohle und Applaus.

August hatte sich einen Platz seitlich hinter dem Fass erkämpft. Er lauerte auf seine Chance. Er stellte scharf, und Popp holte aus. Alle hielten den Atem an. Schon schwang der Schlegel herunter, und weil alle nach vorne drängten, kam Bewegung in die Menge, und im Gedränge wurde Popp leicht angerempelt, sodass er den Hahn nicht richtig traf, worauf er schnell und mit aller Kraft ein zweites Mal darauf schlug, und dabei entgleiste ihm das Gesicht, die Augen weit aufgerissen, der Blick stier, der Mund verzogen vor Anstrengung – das war der Moment, auf den August von Beginn an gewartet hatte, er drückte ab, blieb mit dem Finger auf dem automatischen Auslöser, ein Dutzend Bilder hintereinander, während der mächtige Hieb das Metall bis zum Ansatz ins Fass trieb, und da hob Popp schon den Hammer, warf sich in Siegerpose, und wieder knipste August ein Foto um das andere, derweil der Fettsack schon einen Krug ans Fass hielt, ihn volllaufen ließ und Popp in die Hand drückte, der ihn in die Höhe stemmte und allen in der Runde zuprostete, ehe er ihn in einem Zug austrank – Prost und: »Ullí Ullí Ullí Ullíi – Úlli Úlli – Ulli Popp.«

August blickte auf das Display seiner Kamera, sah sich die Bilderserie dieser Szene an und zuckte zusammen. Er hatte Popp so erwischt, wie er noch nie zu sehen gewesen war:

das Gesicht eines Totschlägers, Hass im Hochformat. August begriff: Das war Popp, und er war es wiederum nicht, sodass ihn kurz ein schlechtes Gewissen gegenüber jenem Menschen überkam, mit dem er letzte Nacht noch zusammengesessen war, der ihm zugeprostet und auf teuren Wein eingeladen hatte und mit dem er in der Früh Seite an Seite durch den Wald gelaufen war. Aber hier, in dieser Bildersequenz, kam zum Vorschein, was hinter der Fassade dieses Politikers steckte, das war Ulli Popps Potential, eine Möglichkeit, die in ihm lauerte und die er immer durchschimmern ließ, seine Schlagseite, der Übergriff.

August ließ die Kamera sinken und sah hoch, und da, gar nicht weit von ihm, stand Ulli Popp, der im selben Moment bemerkte, wie dieser Fotograf ihn anstarrte, als wolle er ihn durchbohren, und er erwiderte den Blick, als dämmerte ihm, dass der Kerl mit seiner Kamera ihn eben erwischt haben musste, weil er sich nur für ein paar Sekunden hatte gehen lassen, dass er ausgetrickst worden war von seinem Sportskameraden, dem Langstreckenläufer unter den Fotografen und Marions Liebhaber – und so standen sie einander gegenüber, Aug in Aug, wie zwei Buben in der Schule beim Duell, wer als Erster blinzelt.

Marion kam mit zwei vollen Gläsern und reichte ihm eins. August zögerte erst, dann griff er zu und stieß mit ihr an. Sie nahm einen kleinen Schluck und sagte: »Das hier ist eigentlich nicht mein Bier.«

»Schmeckt es dir nicht?«

Sie schmunzelte und verzog das Gesicht: »Nein. Das Ganze hier. Der Gestank. Das Gebrüll. Dieses dauernde Gegrabsche. Eben alles, was Männer von Schweinen unterscheidet.«

»Was denn?«, fragte er.

»Schweine werden nicht zu Männern, wenn sie betrunken sind …«

»Hat denn Popp ein Problem mit Alkohol?«

»Eher eines ohne Alkohol«, sagte sie und fügte hinzu: »Aber du, mein August, bist natürlich ganz anders als alle anderen Männer!«

Er nahm einen kräftigen Schluck. »Die meisten hier trinken Bier und lesen *TOTAL.*«

»Na und? Ich muss für alle schreiben. Ob sie Bier trinken, Wein oder Limonade, ob sie Schnitzel essen, Spaghetti oder Sushi. Kaum einer, der hier säuft, kennt deine Bilder. Sie werden sie auch nie sehen. Deshalb musst du sie bei uns veröffentlichen! Die Menschen verstehen die Sprache von euch politisch Korrekten einfach nicht. Hast du heute eigentlich irgendetwas Brauchbares produziert?«

Er griff zur Kamera und ließ im Display die Bilder durchlaufen, bis die Sequenz mit Popp vor dem Bierfass auftauchte, zeigte Marion die Aufnahme jenes Augenblicks, als Popp mit aller Kraft zuschlug.

»Das ist ja unglaublich! Das Foto würden wir auf Seite eins bringen«, rief sie, worauf er den Apparat wieder wegsteckte.

In diesem Moment trat Selma von hinten an die beiden heran. »Wir müssen weiter. Ich gehe schon vor«, sagte Selma.

August nickte: »Ich komme mit.«

Von Purer fuhren sie nach Sulzen, wo Popp zu einem Essen geladen hatte, aber als Selma und August ins Lokal wollten, wurden sie nicht eingelassen. »Geschlossene Gesellschaft«, erklärte ihnen ein muskulöser Typ mit Glatze und in schwarzem Hemd und Anzug.

»Wieso dürfen dann andere Journalisten und Fotografen hinein?«

»Nur Marion Ettl und Martin Dingell vom *TOTAL*. Exklusiv. Sonst niemand.«

Selma schüttelte den Kopf, während August ungerührt zwei Fotos von Marion schoss, die ihm zuwinkte, während sie an ihm vorbei ins Lokal ging.

Es blieb ihnen nichts übrig, als nach Grant am See, nur wenige Kilometer von Oberfeist entfernt, zu fahren und dort auf den Beginn jenes Fests zu warten, das Popp angekündigt hatte. Eine Feier auf einem Partyschiff. Dort wurde ihnen am Abend der Zutritt nicht verweigert.

»Willkommen«, sagte Popp, als er Selma sah. »Ich habe gehört, ihr seid ganz traurig, weil ihr in Sulzen nicht bei unserem schönen Essen dabei sein durftet. Dabei sind wir doch sonst nur der letzte Abschaum für euch, oder?«

»Wie halten Sie es eigentlich mit der Pressefreiheit?«, fragte Selma zurück.

»Ihr könnt schreiben, was ihr wollt, und könnt auch lügen, wie es euch gefällt. Und ich darf essen, mit wem ich will. Und durch den Wald laufen, mit wem ich will. Übrigens, alle Achtung, August. Gut in Form!« Während er sich an August wandte, feixte er in Richtung Selma, um dann in die Runde zu rufen: »So und jetzt keine Politik mehr – jetzt ist Party.«

Er war schon dabei, sich abzuwenden, da rief ihm Selma so laut hinterher, dass es alle in seinem Umkreis hören konnten: »Geben Sie mir ein Interview? Oder trauen Sie sich nicht?«

Er drehte sich um, sah sie lange an, dann sagte er: »Wie bitte?«

»Haben Sie ein schlechtes Gehör? Oder haben Sie Angst vor mir?«

»Erstaunlich, wie anhänglich die Selma Papperlapapp plötzlich ist. Die hat ja richtig Sehnsucht nach mir …« Alle um ihn herum lachten. Aber er redete weiter: »Ein Interview mit unserer Lieblingsfeindin? Warum denn nicht? Ich rede ja immer mit allen. Ob mit Kaltak oder Kakerlak«, und zu einem Mitarbeiter: »Mach einen Termin mit ihr aus. Gleich nächste Woche.«

Als sie spät am Abend wieder im Hotel waren, zeigte August Selma die Fotos, die er in Purer aufgenommen hatte, auch die Serie von Popp samt Holzschlägel vor dem Bierfass.

Selma betrachtete die Aufnahmen in aller Ruhe. Sie sagte: »Ganz anders als deine sonstigen Arbeiten. Und dann auch wieder nicht. Die Lichteffekte. Das Unmittelbare. Typisch Becker.«

»Gefällt es dir nicht?«

»Sehr. Es ist stark.«

»Wirklich?«

»Aber ja … Es gibt ihn so wieder, wie er sich nie zeigt. Es entblößt ihn.«

»Dann nehmen wir also das hier?«

Sie antwortete nicht, sondern sah sich weiter die Aufnahmen an, bis jene von Popp inmitten der Menge erschien. »Die ist auch großartig. Hier siehst du ihn in der Widerspiegelung der Gesichter rund um ihn herum.«

»Ist dir das andere zu offensichtlich? Zu aggressiv?«

»Nein! Wir nehmen beide.« Sie wechselte zwischen den zwei Schnappschüssen hin und her. »Ich wusste es von Anfang an. Ohne dein Bild keine Geschichte. Nicht ein Satz. Nicht ein einziges Wort. Dieses Foto ist die Essenz dessen, was zu beschreiben ist. Und auch das andere …«

»Wenn du meinst …«, murmelte er.

Sie blickt wieder auf das Display. »Das sagt alles.«

Sie gingen nach draußen. Selma wollte rauchen.

Er meinte: »Hast du gehört, was er über dich gesagt hat? Dass du Sehnsucht hast nach ihm? Ich hätte ihm am liebsten eine runtergehauen. Und wie er deinen Namen ausspricht.«

Sie lachte. »Immerhin. Wir haben einen Interviewtermin. Und wir haben deine Fotos. Nur darauf kommt es an.«

Selma schaute an August vorbei in die Ferne, er nahm die Kamera hoch und drückte ab. Sie lächelte verhalten, dann sagte sie: »Ich gehe jetzt schlafen. Bin müde.«

»Ich auch«, antwortete er, doch in Gedanken war er schon bei Marion.

Sie nickte ihm zu, meinte dann: »Tolles Foto, wirklich. Eben doch anders als sonst …« Dann fügte sie noch mit leisem Spott hinzu: »Als hätte dich Dinos Malerei völlig verwandelt.« Sie war schon einige Schritte weitergegangen, als sie sich noch einmal umdrehte: »Wünsch dir noch ’ne schöne Nacht …«

Marion hatte ihm eine Nachricht geschickt. Sie sei auf dem Partyschiff und warte auf ihn an der Bar neben der Tanzfläche. Ein weiteres Mal an diesem Tag kämpfte sich August durch eine feiernde Menge, dann entdeckte er Marion, die am Tresen lehnte. Er berührte sie am Arm, sie drehte sich zu ihm um, und dann tanzten sie auch schon in enger Umarmung, *ain't no mountain high enough, ain't no valley low enough, ain't no river wide enough, baby.* Der Rhythmus wurde immer schneller, heißer, wilder. Alle sangen die Songtexte mit, *We are family / I got all my sisters with me*, Körper an Körper, *Get up everybody and sing*, Marion wirbelte herum, August warf sich ins Getümmel, wollte endlich abstreifen, was ihn den ganzen Tag umgetrieben hatte. Das ganze

Schiff vibrierte unter den Discoklängen, und im blitzenden Licht des Stroboskops schienen sich alle ununterbrochen um den Hals zu fallen – in ewiger Freundschaft vereint.

August hatte beinah schon vergessen, was ihn hierherverschlagen hatte, als ihm mitten im Gedränge Ulli Popp auffiel, der sich mit lockerem Hüftschwung und pendelndem Kopf über die Tanzfläche bewegte, versonnen lächelnd, als wäre er ein selbstvergessener Künstler, ein junggebliebener Achtundsechziger, als habe er nicht vor Kurzem auf der Bühne seine Hetzreden gehalten, kein Scharfmacher, sondern ein Traumtänzer, ein Luftikus, dessen Gesten einen ein wenig an John Travolta denken ließen. Popp zwinkerte August zu, und schon wiegte er sich zum nächsten Song, *young man, there's no need to feel down*, und um ihn herum drängten sich seine Anhänger, reckten die Fäuste hoch im Beat des alten Hits und schrien mit ihm gemeinsam: *It's fun to stay at the YMCA*.

August drehte sich weg und hin zu Marion. Eine Nummer löste die andere ab, allmählich wurde alles wieder langsamer, sinnlicher, bis ein Song einsetzte, den er seit seiner frühen Jugend kannte, und er ließ sich fallen in den Reggae, wusste bei den ersten Tönen, was kommen würde, und sang laut mit: *One love, one heart / Let's get together and feel all right*, und Marion wiegte sich mit ihm zu Bob Marleys Gesang, und irgendwo hinter ihm stimmte ein anderer laut ein: *Hear the children crying*, und August blickte sich um, und da stand schon wieder Ulli Popp, der, wie alle anderen auf dem Partyschiff, diesen auf allen Skihütten und Ferienstränden gespielten Superhit mitgrölte und mitschunkelte, in dem der Rastafari aus Jamaika daran erinnerte, dass alle Menschen eine einzige Welt teilten, und schon kam Popp ganz nah heran, und bevor August ausweichen konnte, hatte ihm der Politiker einen Arm um die Schulter gelegt, um mit ihm nun gemeinsam hin und her zu schwingen, zwei Männer in vollkommener Harmonie, und jetzt ging der eine schon in den nächsten Bob-Marley-Song über, und so sangen sie, Ulli Popp und August Becker, zusammen mit dem Mister Master Blaster: *Get up, stand up / Stand up for your rights*, und Popp jauchzte vor Freude und dirigierte mit dem Zeigefinger im Rhythmus der Strophe: *You can fool some people sometimes / But you can't fool all the people all the time.*

Irgendwann war der DJ durch mit Reggae, und bei den ersten Takten des nächsten Lieds konnte August erst gar nicht glauben, was er da hörte. Aus den Boxen dröhnte *Bella Ciao*, die italienische Hymne über jenen Freiheitskämpfer, der seiner Geliebten ein Lebewohl hinterlässt, als er gegen die Faschisten und die Nazibesatzer in die Berge aufbricht und ihr aufträgt, ihn unter dem Schatten einer schönen Blume zu begraben, falls er sterbe, damit all jene, die vorbeikommen, ihm sagen mögen, dass diese schöne Blume die des Partisanen sei, der für die Freiheit starb, und während sich die Musik in einem Remix verlor, einer Coverversion, die von der alten Ballade des antifaschistischen Widerstands kaum noch etwas übrig ließ, sah August, wie alle um ihn herum, zuvorderst die jungen Kerle, lauter kurzgeschorene Recken, im Rhythmus auf und nieder hopsten und dabei in die erhobenen Hände klatschten, und mittendrin Popp, der mit allen hier seinen Tanz aufführte, und auch Marion machte mit. Nur August stand jetzt still und fühlte sich plötzlich sehr allein im Dröhnen der Bässe, im Blitzen der Discolichter und im Treiben der Menge.

6 Am nächsten Tag wachte er spät auf, Marion schlief noch tief. Er wollte ins Bad schleichen, dabei stieß er gegen den Sessel, über den er seine Kleider geworfen hatte. Seine Jeans samt Gürtel und seine Lederjacke mit dem Autoschlüssel schepperten zu Boden. Erschrocken drehte er sich nach Marion um, aber sie rührte sich nicht.

Unter der Dusche versuchte er, so leise wie möglich zu sein, Zahnbürste und Rasierer hatte er erst gar nicht dabei. Als er zurück ins Zimmer kam, lag sie immer noch da wie bewusstlos, nur ein ganz leises Schnarchen, fast wie ein Schnurren, war zu hören.

Auf dem Tisch in der Ecke lag seine Kamera. Er griff danach und legte sich wieder neben sie, vorsichtig, dann ging er die Bilder durch, die er geschossen hatte, bis sein Blick auf Marion fiel, auf ihr entspanntes Gesicht, auf das dichte, haselnussbraune Haar, und er konnte nicht anders, als den Apparat auf sie zu richten. Er zögerte, hatte das Gefühl, etwas Verbotenes zu tun, aber dann konnte er nicht widerstehen und drückte ab. Beim Klicken – viel leiser als alle Geräusche, die er vorher gemacht hatte – schlug sie die Augen auf und lächelte ihn an, als sei sie seit Stunden wach, als wartete sie bloß darauf, von ihm fotografiert zu werden, und sagte: »Guten Morgen.« Er knipste sie noch einmal und dann immer weiter, bis sie einen Polster nach ihm warf.

Selma wartete bereits vor dem Hotel auf ihn. Er hatte das Zimmer räumen müssen und kein Frühstück mehr bekommen. Für ein Mittagessen waren sie beide nicht in Stimmung, also gingen sie zum Auto und machten sich auf den Weg zurück. Müde war er und schweigsam. Selma blickte zufrieden vor sich hin. Sie habe, sagte sie, schon große Teile des Artikels geschrieben. Seine Fotos waren eine Inspiration gewesen. »Nimm Dino nicht zu ernst. Das ist sein Spiel. Immer alle befremden. Er meint es nicht so. Er schätzt dich. Zu Recht.«

Zu Mittag traf eine Kurznachricht von Popps Pressesprecher ein. Der Termin für ein Interview war fixiert. Selma konnte zufrieden sein.

August brachte sie bis vor ihr Wohnhaus. Sie umarmte ihn und stieg aus dem Auto. Er wollte jetzt auch schnell nach Hause und sich ausruhen, ins Bett legen, Schlaf nachholen. Seit vorgestern hatte er keine Mails gelesen. Dass er auch seit Stunden nicht auf sein Smartphone geschaut hatte, fiel ihm ein, als Ella anrief. »Wo bist du denn?«

»Warum?«

»Wir warten alle schon. Tim ist gleich da.«

Er hatte das Überraschungsessen vergessen. Das Geburtstagsfest des eigenen Sohnes. Er spürte, wie ihm die Scham ins Gesicht stieg. Die letzten Tage waren ausschließlich mit diesem Popelpolitiker und die letzten Nächte mit Marion ausgefüllt gewesen. Die Gedanken an Tim und an sein eigenes Versprechen, von dem er nicht wusste, wie er es überhaupt einlösen sollte, hatte er vollständig zur Seite geschoben.

»Tut mir leid. Es dauerte alles viel länger, als ich geplant hatte. Ich werde mich vielleicht verspäten«, sagte er.

Zu seinem Erstaunen machte Ella ihm keine Vorwürfe: »Ist nicht so schlimm. Hauptsache, du kommst.«

»Ich habe kein Geschenk besorgt. Ich war ja auf dem Land.«

»Das ist egal. Du brauchst heute kein Geschenk. Schließlich bezahlst du das Studium.«

August erwiderte nichts darauf.

Fünfzehn Minuten später schlich er sich ins Restaurant. Tim war schon da und so überrascht von der Runde, die hier für ihn zusammengekommen war, dass er seinen Vater erst gar nicht bemerkte. August setzte sich an einen der reservierten Tische, unauffällig, aber Ella hatte ihn gesehen und zwinkerte ihm zu. Erst als Tim alle der Reihe nach begrüßt hatte und schon dabei war, sich hinzusetzen, entdeckte ihn sein Sohn, lachte, sprang wieder auf und zu August herüber und drückte ihn an sich, so fest, dass August ein leises Knacken im Nacken hörte. »Ich hatte schon Angst, du wärst nicht da, Papa.«

»Glaubst du, ich vergesse deinen Geburtstag?«, ächzte er, nachdem ihn der Bub endlich losgelassen hatte.

Jetzt grüßte August alle reihum, Ellas Schwester und ihren Mann. Tims Freund, Charlie. Ein Wangenbussi für Ella, aber nur angedeutet und ohne Berührung, dann die Umarmung mit Sigi, Ellas Mann, Tims Stiefvater. Die Patchworkdaddys, der leibliche und der liebliche, patschten einander auf den Rücken. August mochte Sigi, der Tim seit mehr als einem Jahrzehnt nah war und Ella glücklich machte. Auch mit ihr verstand er sich mittlerweile wieder gut, und nur in seltenen Momenten brach wieder der Groll auf, der unterschwellig noch zwischen ihnen glomm.

Es war damals eine Vorzeigetrennung gewesen. Kein Rosenkrieg, nur ein Dornenfrieden. Er und Ella vereint im Glück, nicht mehr zusammen sein zu müssen. Am Tag der Scheidung wollte der Richter von ihnen wissen, ob es noch offene Fragen gebe. Sie hatten gelächelt und den Kopf geschüttelt. Ella sagte, sie seien beide vor allem daran interessiert, ihren gemeinsamen Sohn zufrieden zu sehen.

»Sie wissen ja gar nicht, wie gut es Ihnen geht«, hatte der

Scheidungsrichter geantwortet. Das sei so selten. Er spreche schließlich aus Erfahrung. Und als Betroffener. Er wisse nicht mehr weiter. Seine Frau mache ihm das Leben zur Hölle. Dabei arbeite sie auch als Scheidungsrichterin! Wie er! Täglich stünden sie beide vor Scheidungswilligen, um zu erläutern, wie wichtig Kompromisse seien. In ihren Ausführungen erklärten sie, es gehe darum, alles auch mit den Augen der anderen Seite zu sehen, doch neuerdings verfolge ihn die Frau, von der er schon länger getrennt lebe, mit ihrem Hass, streite mit ihm ums Geld, ums Haus, um die Kinder … Aber er lasse sich das nicht länger gefallen, er werde sie fertigmachen, so redete sich der Richter in Rage, ehe er wieder in seine Rolle zurückfand und ihnen kraft seines Amtes den Ratschlag gab, einander nicht im Weg zu stehen, sondern für den gemeinsamen Sohn zu sorgen.

Nachdem August beim Kellner Linguine ai frutti di mare bestellt hatte, setzte er sich neben Ella an den Tisch. »Na, ist alles gutgegangen?«, fragte sie leise. Sie habe von Tim gehört, dass er diesen Popsch, dieses Arschloch, fotografiert habe. Wie er das überhaupt aushalte? Der müsse ja fürchterlich sein.

»Privat ist er ziemlich sympathisch.«

»Wie bitte? Sag nicht, du magst ihn!«

»Das habe ich nicht behauptet.«

»Der ist doch ein Nazi!«

»Es bringt nichts, aus ihm einen Hitler zu machen.«

»Das habe ich doch gar nicht getan!«, fuhr sie ihn an, wechselte aber sofort das Thema. Nur keine Szene an Tims Geburtstag. Sie sagte: »Ich bin gespannt auf deine Fotos«, und nach einer kurzen Pause: »Tim freut sich wahnsinnig. Das Studium ist alles, woran er denken kann.«

»Wieso gerade unser Sohn ein Ausbeuter werden will …«

Sie lachte: »Was redest du für Unsinn? Das Kind ist viel kritischer, als du es je warst. Der will wirklich etwas ganz Neues.«

August zog zweifelnd die Mundwinkel nach unten.

»Toll jedenfalls, dass du so viel Geld aufgetrieben hast.«

»Na ja, das ist noch nicht ganz sicher …« Er verstummte.

»Dann hast du es gar nicht? August! Das ist ja schrecklich!«

Er werde Mutters Schmuck verkaufen. Das habe er zwar nicht vorgehabt, weil er ihn gerne Tim vermacht hätte, aber nun bekomme er sein Erbe eben jetzt schon.

»Die Perlen und Ringe? Das reicht doch nicht im Geringsten. Nicht einmal für die Hälfte. Die sind doch heute nicht mehr viel wert …«

August spürte, wie sich Hitze in ihm ausbreitete.

»Hast du andere Rücklagen? Oder kannst du einen Vorschuss bekommen? Auf irgendein Buchprojekt? Eine Ausstellung?« Er schüttelte den Kopf und nahm einen Schluck vom Rotwein.

Beide hatten es nie fertiggebracht, von dem zu reden, was unausgesprochen immer zwischen ihnen gestanden war, was sie schließlich auseinandergebracht hatte. Vor all den Aufnahmen, die er mache, nehme er gar nicht mehr wahr, was um ihn herum geschehe, hatte sie ihm vor der Trennung vorgeworfen. Er sehe vor lauter Bildern die Welt nicht mehr. Tag und Nacht starre er in den Laptop, hetze irgendwelchen Aufträgen hinterher, als sei er auf der Flucht vor ihr und dem Kind.

August erinnerte sich noch gut an das dauernde Gezänk und an die kleinen Bosheiten, die sie einander zugefügt hatten. Aber damals hätte er nie geglaubt, dass ihre Ehe ernsthaft gefährdet war, und vielleicht war er wirklich irgendwann hinter seiner Kamera verloren gegangen, sodass er nicht bemerkte, wie sich Ella innerlich von ihm verabschiedete, bis es zu spät war und sie ihm in jenem letzten großen Streit einen Stoß versetzte, sodass ihm die Kamera, die er gerade ausgepackt hatte, aus der Hand rutschte, und als der Apparat zu Boden fiel, ballte er die Faust, und fast wäre ihm das Wort über die Lippen gerutscht, das er dann zwar nicht aussprach, an das er aber denken musste in diesem Moment. »Scheißnazi«, schrie es in ihm, »Scheißnazi«, wie damals, als er als Kind seinen Opa so genannt hatte, aber jetzt brauchte er das Wort gar nicht in den Mund zu nehmen, denn sie kannte ihn gut genug und wusste genau, was er gerade hinunterschluckte, und obwohl er sie nicht berührt hatte, waren beide seit dieser Szene verwundet. Damals war mehr als ein Gerät kaputtgegangen.

August stierte durchs Restaurantfenster hinaus auf die Straße, durch Tim hindurch, der sich an Charlie geschmiegt hatte und über die Witzeleien der anderen lachte, und fand erst wieder zurück in die Gegenwart, als Ella leise sagte: »Letztlich hatten wir doch ein unheimliches Glück. Wer hätte das damals gedacht.«

Er nickte, und auf der anderen Seite des Tisches bemerkte Sigi, sein Patchwork-Gegenüber, das stille Innehalten zwischen ihnen, als falle mitten in einem Lied plötzlich der Ton aus, und er griff zu seinem Glas Primitivo, worauf alle drei einander zuprosteten.

Am nächsten Tag fuhr August so früh wie möglich zum Juwelier, um die Perlenketten, Ohrgehänge und Diamantringe, das einzige Erbe seiner Eltern, zu verkaufen. Die Schmuckstücke aus den Sechzigern und Siebzigern, sagte der Fachmann, seien sehr schöne Arbeiten, hätten aber längst an

Wert verloren. Kaum jemand erkenne noch deren Besonderheit, wüsste von der Mühe, die es damals gekostet habe, solche Pretiosen von Hand anzufertigen. Heutzutage würde ähnlicher Schmuck von Maschinen in Massenproduktion hergestellt. Der Schliff der Edelsteine entspreche auch nicht mehr der Mode. Ja, gab der Mann zu, für diese Stücke bekäme August nur mehr einen Bruchteil des ursprünglichen Wertes.

August stieg auf den Motorroller, war wie betäubt und fuhr so langsam wie noch nie durch die Straßen nach Hause. Über das Headphone im Helm erreichte ihn der Anruf des Fotoredakteurs: »Hey, August, wie läuft's?«

»Was gibt's, Kevin?«

»Ich will mit deinem Bild aufmachen. Ein Mörderfoto. Ein Fangschuss. Popp und der Hammer. Ein Hammer von einem Politiker. Ein Haudrauf. Genial! Du bist der Einzige, der ihn so erwischt hat. Du bist echt ein Profi!«

»Ihr nehmt das Foto aufs Cover?«

»Ich werde es auf jeden Fall vorschlagen. Heute Abend reden Bruno und ich darüber. Und im Innenteil dann die Aufnahme von Ulli mitten in der Menge.«

»Bist du eigentlich sein Freund, weil du ihn beim Vornamen nennst?«, fragte August.

»Ja, genau«, lachte der Fotoredakteur und legte auf. An anderen Tagen hätte August eine solche Nachricht gefreut, doch diesmal drang sie kaum zu ihm durch. Er wusste nur, dass Tim enttäuscht sein würde so wie damals als kleiner Bub – »Aber du hast doch gesagt, dass ihr euch nie trennen werdet!« Wieder hatte er seinem Kind etwas versprochen, was er nicht würde halten können.

Marion erreichte ihn, während er ziellos auf seinem Motorroller durch die Stadt kurvte. Ob er sich noch an sie erinnere, fragte sie spitz. Sie höre ja gar nichts mehr von ihm.

Da platzte es aus ihm heraus, und er erzählte ihr von seinem Sohn und dessen größtem Wunsch, im Ausland an jener Eliteuni zu studieren. Davon, dass Tim die Aufnahmeprüfung bestanden habe und er, August, nun drauf und dran sei, ein gegebenes Versprechen zu brechen, weil er das Geld für die horrenden Studiengebühren nicht zusammenbekomme.

Ob er sich denn nicht mehr an Ullis Angebot erinnere.

»Das kommt auf keinen Fall in Frage«, antwortete er.

»Nicht einmal für Tim?«

»Vor allem nicht für Tim! Wenn der Bub das erfährt, bin ich für ihn gestorben. Er ist ja ohnehin schon der Meinung, ich würde immer nur die falschen Aufträge annehmen.«

»Das klingt sympathisch«, sagte Marion.

Ja, so August, dann könne er seine Kamera ebenso gut wegwerfen. Wenn herauskäme, dass er mit Popp Geschäfte mache, wäre er nicht nur für seine Familie und unter Kollegen erledigt, er könnte auch nicht mehr in den Spiegel schauen, würde sich fühlen wie ein Verräter.

»Wo bist du eigentlich gerade?«, fragte sie und dann: »Du bist ja ganz in der Nähe der Redaktion. Hol mich doch ab, ich warte unten auf dich, dann reden wir bei einem Kaffee in Ruhe weiter.«

Eigentlich war ihm in seiner Verzweiflung gar nicht danach gewesen, sie zu treffen, aber als er sie vor dem großen Redaktionsgebäude stehen sah, fühlte er sich sofort besser. Sie umarmten sich, Marion streichelte und küsste ihn, sagte: »Komm, ich bleib jetzt bei dir«, stieg hinter ihm auf den Roller und schlang ihre Arme um ihn. Durch die Straßen und Gassen der Innenstadt fuhren sie zu ihm nach Hause.

Er schloss das Tor auf, und sie folgte ihm ins Haus, vorbei an dem einstigen Speicher des Geschäftslokals, in dem nun die syrische Familie lebte, und wie immer stand der Mann in der Tür, hinter ihm drangen Kinderstimmen aus den Zimmern, und wie immer rief er mit einem Grinsen August etwas zu. »Was hat er gesagt?«, fragte Marion, worauf August zurückflüsterte, er wisse es nicht, doch für ihn klinge es nach »Allahu akbar« und darüber mache er sich schon die ganze Zeit Gedanken.

Sie stiegen die Treppe hinauf in den vierten Stock. Eine kleine Wohnung mit südlichem Flair. Große Fenster, kleiner Balkon. Freie Sicht in einen Innenhof mit Rasen und Baumriesen bis zu einem Tennisplatz, auf dem im Sommer viel gespielt wurde. August setzte Kaffee auf. Marion ging durch die Wohnung und schaute sich die Fotos an den Wänden an, einige davon bekannte Aufnahmen.

»Das hier hängt auch bei mir«, sagte sie. »Und wer ist das da?«

»Tim. Mein Sohn.«

»Nicht schlecht.«

»Das findet sein Freund auch.«

»Kann ich verstehen …«

Vor einem Schwarz-Weiß-Bild blieb sie stehen. Das Porträt eines ernst blickenden Mannes mit Brille, der sich ein Vergrößerungsglas so vor sein rechtes Auge hielt, dass es einem entgegensprang und dabei den Rest des Gesichtes weit überragte. »Wunderbar«, sagte Marion, als er ihr die Tasse reichte. »Wer ist das?«

»Robert Schiller«, antwortete August, als wäre damit alles geklärt.

»Muss ich den kennen?«

»Nein«, gab er zurück, aber insgeheim war er davon überzeugt, dass alle wissen sollten, wer Robert Schiller war, denn der Alte, den er vor Jahrzehnten als Jugendlicher aufgesucht hatte, war sein Idol gewesen und sollte später sein Lehrer werden, sein Mentor, sein Freund und Kollege.

»Wunderbar«, hatte damals auch Robert Schiller gesagt, als August ihm seine Arbeiten gezeigt hatte. »Kommen Sie gleich heute in meine Klasse.« August war im Glück, doch am Nachmittag desselben Tages hatte Schiller die Stunde mit den Worten begonnen: »Hier einige Aufnahmen, die unser neuer Kollege mitgebracht hat.« Alle drehten sich zu ihm um, und dann fügte Schiller hinzu: »Hier könnt ihr sehen, was ein Einzelner alles falsch machen kann.«

Schiller hatte es als sehr junger Mann gerade noch rechtzeitig geschafft, Europa zu verlassen, ehe seine ganze Familie von den Nazis deportiert und ermordet worden war. Er hatte für Magnum gearbeitet. »Er war einer der Ersten, die an mich glaubten.« Und Schiller war es gewesen, der August beigebracht hatte, dass es nie um Perfektion allein ging. Es gehe darum, das Wesentliche einzufangen, ohne Firlefanz. Wichtig sei, was einen besticht, was einen verwundet und trifft beim Anschauen des Bildes.

Marion sagte: »Er versteckt sein eigenes Gesicht.«

Das kennzeichne alle seine Porträts, erklärte August, denn er habe die jeweilige Person immer dargestellt, indem er sie hinter das zurücktreten ließ, was sie vorgeblich ausmachte: der Fechter mit Schutzmaske, der Zahnarzt mit Stirnlampe, die Frau mit Taucherbrille, der Schweißer mit Handschild, der Kampfpilot mit Atemmaske, der Clown mit roter Pappnase und weißer Schminke. Aber dieses eine Foto, dieses Selbstbildnis mit Lupe, das sei ein Unikat, Robert Schiller habe es ihm geschenkt, es sei ihm wichtiger als die anderen Fotos hier, auch seine eigenen. Wobei jenes da, das den Fotografen Sam Gluskey, damals noch am Beginn seiner Karriere beim *Life*-Magazin, hinter seiner Kamera zeige, auch einzigartig und ein Meisterwerk sei. »Niemand erkennt hier Sam auf den ersten Blick, und doch schaffte es Robert, ihn so wiederzugeben, das jeder Zweifel, jede Verwechslung ausgeschlossen ist.«

»Ist das auch ein Selbstporträt?« Sie zeigte auf das Foto des greisen Robert Schiller, dessen rechtes Auge durch das Loch eines Kochlöffels blickte, genau auf dieselbe Weise, wie es Jahrzehnte davor in die Lupe gestarrt hatte.

»Nein, das habe ich von ihm gemacht. Da war ich zwanzig. Er mochte es und schenkte mir daraufhin das mit dem Vergrößerungsglas und das von Sam.«

»Hier hängen also Werke bedeutender Fotografen.«

»Ja, meine kleine Privatausstellung.«

»Das hier ist doch Arthur Schnitzler, oder?«

Genau, bestätigte er, Schnitzler selbst, aufgenommen von Ferdinand Schmutzer, einem Druckgrafiker und Fotografen der Jahrhundertwende. Von ihm stammten die bekanntesten Porträts von Sigmund Freud, Pablo Casals, Albert Einstein und vielen anderen. Die Fotos dienten Schmutzer als Vorlage für seine Radierungen …

Marion unterbrach seinen Vortrag: »Ist das hier nicht einiges wert?« Sie zeigte auf Schillers Bilder und auf jenes von Schmutzer.

»Ich weiß nicht«, sagte er. Aber wahrscheinlich habe sie recht, bisweilen werde für solche Werke ein Vermögen bezahlt. Das komme vor. Wenn man Glück habe. Um Geld sei es ihm aber bei seiner Sammlung nie gegangen.

»Du bist ein dummer August. Das könnte Tim helfen. Und dir.«

»Ich glaube nicht, dass ich viel dafür bekäme.«

Warum er es nicht einmal versuchen wolle, fragte sie, doch ehe er antworten konnte, läutete das Telefon.

Es war Selma. Morgen Vormittag werde sie Popp interviewen, der Termin sei jetzt bestätigt, und es wäre gut, wenn er dabei sein könnte.

Am nächsten Morgen brach er auf, um Selma vor Popps Parteizentrale zu treffen. Sie wurden von einem Mitarbeiter empfangen. An den Wänden hingen Aufnahmen von Popp in verschiedenen Posen. Er selbst kam ihnen den Gang entlang entgegen, grüßte sie so freundlich, als freue er sich, Selma zu sehen, und bat sie in einen Besprechungsraum.

Eine Sekretärin stellte Dosen eines Energydrinks vor ihnen auf. In der Mitte des Tisches stand eine Schüssel mit Schokoriegeln. Sie mögen ruhig zugreifen, sagte Popp und fischte einen heraus, doch Selma schaltete nur ihr Aufnahmegerät ein, zog das Notizbuch und den Stift hervor und fragte: »Warum geben Sie eigentlich der angeblichen Journalistin Selma Kaltak, wie Sie mich immer nennen, ein Interview?«

Popps Lächeln wurde schmal. Ein Schatten von Häme legte sich auf seine Züge. Er versteinerte. Das war der Moment. August drückte ab. Rund um Popp weitere Heiligenbilder seiner selbst an der Wand, strahlend, grinsend, und mittendrin das eben zur Maske erstarrte Gesicht, ein bitterer Zug um die Mundwinkel. Der Politiker hörte das Klicken und schaute zu August. Er sagte: »Ich bitte Sie. Ich weiß nicht, welche Horrorvorstellungen Sie von mir haben. Anders als andere reden wir mit allen, und wir sind selbstverständlich für die freie Presse. Uns geht es nur darum, dass sie eben wirklich frei ist – frei auch von allen Lügen.«

»War es deshalb notwendig, bei einer Veranstaltung mit dem Finger auf mich zu zeigen und zu sagen, hier ist sie, die angebliche Journalistin Selma Kaltak?«

»Das wird jetzt ein wenig langweilig. Sie nehmen das zu ernst. Das war ein Spaß. Ich wollte den Leuten nur mitteilen, dass sie als Abschaum bezeichnet werden. Aber Sie irren sich in diesen Menschen. Das sind redliche Bürger. Wenn ich die Wahl hätte zwischen der feinen Elite, die in Davos zusammensitzt, um über uns zu bestimmen, und diesen Leuten mit – wie haben Sie das in Ihrem Artikel formuliert? – fettigen Haaren und in Jogginghosen, ich würde mich für Letztere entscheiden. Ihnen wird unterstellt, Rassisten zu sein, homophob und Frauenhasser. Nur, weil sie Antworten wollen auf ihre einfachen Fragen und Probleme. Sie wollen Souveränität, und deshalb werden sie Nationalisten geschimpft. Sie verteidigen unsere Werte, worauf sie Ausländerfeinde genannt werden. Sie treten für ihr Heimatrecht ein, worauf ihnen unterstellt wird, Nazis zu sein. Aber die Tage dieser Verleumdung sind vorbei.«

»Wollen Sie leugnen, dass auf Ihren Veranstaltungen Flüchtlinge pauschal als potentielle Verbrecher verunglimpft werden?«

Popp lächelte: »Wir sprechen nur aus, worüber der Mainstream nicht zu reden wagt. Wenn das Volk will, dass Maßnahmen gegen den Terrorismus gesetzt werden, schreiben Liberale, dass das islamophob sei. Sind wir für die Schließung der Roma-Lager, wird gesagt, wir sind Rassisten. Ich verstehe ja die Nervosität der Eliten. Sie schaffen es nicht mehr, die Gehirne der Menschen zu waschen. Sie sind am Ende. Weil die Wahrheit nicht länger vertuscht werden kann. Nicht hier und nicht anderswo. Die Großmeister der Globalisierung sind ja so stolz! Heute leiten sie ein Bankenkonsortium in Bukarest, morgen in Buenos Aires eine Autofabrik und übermorgen in Delhi ein Stahlwerk. Aber jene, die nicht einfach von einem Bankrott zum anderen, von einer Fabrikschließung zur nächsten wechseln können, misstrauen diesen neuen Feudalherren. Und wissen Sie, warum? Weil diese Oberschicht so weltläufig und smart ist und so selbstzufrieden. Weil sie wissen, dass die dann alle weg sein werden, wenn hier die Katastrophe über uns hereinbricht.«

»Und Sie? Wird die Katastrophe Ihre Sternstunde sein? Ist das Herbeireden der Krise Ihr Geschäftsmodell?«

»Im Gegenteil. Die liberalen Medien lieben doch die Krise und den Skandal. Wer sich nicht dem Meinungsdiktat unterwirft, ist schon ein Nazi.«

Popps Stimme klang metallen. August hatte das Gefühl, als schaue er einer Verwandlung zu. Dieser Mann, der so freundlich, leise und nachdenklich zu reden wusste, wenn er privat zu sein glaubte, formulierte nun in einem Rhythmus, als seien alle Sätze bereits vor langer Zeit einstudiert worden. Keine Bewegung zu viel. Kontrollierte Gestik aus dem Rhetorikseminar.

Die Frage sei doch, so führte Popp aus, wieso jene Nationen, die nicht westlich, nicht liberal, keine liberalen Demokratien, die vielleicht nicht einmal Demokratien seien, dennoch so erfolgreich zu sein vermochten. Die Staaten der Zukunft seien doch Singapur, China, Indien, Russland, die Türkei. Es gelte, den zahnlosen Liberalismus zu überwinden. Wenn die Mehrheit keine liberale Demokratie wolle, dann sei das zu akzeptieren. Es gebe schließlich gute Gründe dafür. Die Gesellschaft dürfe nicht ein Sammelsurium der Beliebigkeit sein. Die Menschen sehnten sich nach Gemeinschaft. Es gehe um die Überwindung einer Ungleichheit, die durch Migration aufgezwungen werde.

»Das heißt, Sie wollen alle Art von Ungleichheit beseitigen?«

Popp schüttelte den Kopf: »Die Frage ist doch, ob unser

Staat noch die Heimat unseres Volkes bleiben wird. Die Leute sehen ganz klar: Migration ist nicht die Lösung. Schiffbrüchige beginnen oft in ihrer Verzweiflung, aus dem Meer zu trinken. Das ist zwar auch Wasser, doch es löscht nicht den Durst. Im Gegenteil. Das Salz trocknet uns aus. Wer unsere eigenen Probleme mit Fremden lösen will, bringt unser Land um. Aber gewisse Kreise wollen genau das.«

»Gewisse Kreise?«, fragte Selma: »Wen meinen Sie damit? Das klingt altbekannt.«

Popp hob die Brauen und lehnte sich zurück, als ekle er sich vor Selma. »Ihre Assoziationen haben mit mir nichts zu tun. Im Gegenteil. Der Antisemitismus, der von Muslimen kommt, wird von den Linken verschwiegen. Ich bin nicht für die islamistischen Attacken auf Synagogen verantwortlich. Ich habe nie das Existenzrecht Israels in Frage gestellt.«

»Auch Rechtsextreme greifen Synagogen an – und Moscheen.«

»Damit haben wir nichts zu tun.«

»Sagten Sie nicht gerade, übrigens genauso wie diese rechten Terroristen in ihren Pamphleten, dass ganze Völker ausgetauscht werden?«

Popp schüttelte den Kopf. Diese Unterstellungen und diese Vergleiche seien genau der Journalismus, den die Menschen als Lüge empfänden.

Nach etwa einer Stunde beendete Selma das Interview.

»Schade«, grinste Popp, »eben begann es, mir Spaß zu machen. Und unser August hier kam kaum dazu, abzudrücken. Keine Lust heute? Ich freue mich jedenfalls schon auf deine Aufnahmen.«

Selma zeigte auf die vielen Bilder, die hinter Popp an der Wand hingen: »Das glaube ich Ihnen aufs Wort!«

Popp lächelte, dann beugte er sich vor und raunte: »Ist das Gerät abgeschaltet? Ich meine, können wir einfach für einen Moment Ihren Artikel vergessen?«

Selma legte den Stift und den Notizblock aus der Hand und packte das Aufnahmegerät in die Tasche. August steckte den Objektivdeckel auf.

Popp stand auf und fragte, ob sie ihn noch kurz begleiten wollten. Er würde ihnen gerne etwas zeigen. Nicht für den Artikel. Einfach so.

Sie gingen zurück in den Flur und von dort in ein Büro, das schlicht und modern eingerichtet war. An einer Wand hingen abstrakte Gemälde und an der anderen Fotos, darunter das eines bekannten Pianisten, eines Virtuosen des Jazz. Selma erkannte das Bild sogleich. »Das ist ja von dir«, sagte sie zu August, der mit den Achseln zuckte, als wolle er sagen, dafür könne er nichts.

»Warum zeigen Sie uns das?«

»Weil die Welt ein wenig komplizierter ist, als Sie sie beschreiben. Wissen Sie, Frau Kaltak, ich hasse Sie nicht. Ich weiß, dass Sie in mir einen Nazi sehen, und ich gebe zu, dass ich mich oft über Sie ärgere, doch ich schätze Sie durchaus. Wissen Sie, warum?« Er wartete ihre Antwort nicht ab: »Sie haben eine klare Meinung. Sie gehören nicht zu denen, die so tun, als ginge es darum, keine zu haben. Zweitens: Sie sind eine, die zu dem steht, was sie ist und woher sie kommt. Sie haben sich hochgekämpft. Aber genau wie ich vergessen Sie nie, woher Sie kommen, wie auch ich weiß, was mich ausmacht. Sie sehen doch genau wie ich, dass die anderen Parteien Angst davor haben, grundlegende Probleme anzusprechen. Das wollen Sie doch nicht abstreiten, oder? Die anderen schweigen zu Zwangsehen, zu Terroranschlägen, zu den Enthauptungen. Sie tun so, als wären die Islamisten keine politische Gefahr, sondern eine gefährdete Tierart, die vor uns geschützt werden muss.«

Selma schaute sich um: »Warum haben Sie uns eigentlich in dieses Zimmer gebracht? Das alles hätten Sie doch auch vorne sagen können. Wollten Sie mir mit den Bildern hier imponieren? Glauben Sie, ich werde für Sie stimmen, weil Sie sich in der Rolle eines Kunstsammlers gefallen.«

»Ich dachte, Sie hätten eine Schwäche für Kunst. Ich wollte Ihnen nur zeigen, es ist nicht alles so schwarzweiß, wie Sie tun.«

»Wirklich? Deswegen hetzen Sie also gegen den Islam als Religion und pauschal gegen alle Muslime? Deswegen verunglimpfen und denunzieren Sie mich persönlich vor Ihren Anhängern?«

Popp winkte ab: »Klar, Sie werden von mir angegriffen. Wir sind politische Feinde. Sie wissen das, und ich weiß das auch. Deswegen schätze ich Sie. Sie sind nicht Teil dieses liberalen Eiapopeia. Ich werde Sie nicht schonen – und Sie mich auch nicht. Aber gerade darin sind Sie mir doch ähnlicher, als Sie zuzugeben bereit sind, oder?«

Nach dem Interview machte sich August sofort auf den Weg nach Hause. Dort nahm er die Fotografien von Schiller und von Schmutzer von der Wand, wickelte sie in Luftpolsterfolien, packte sie in einen Karton, steckte alles in eine Tasche und fuhr damit ins *Panorama*, in die Auktionsabteilung einer Fotogalerie, um die alten Arbeiten dort schätzen zu lassen.

»Das sind ja einzigartige Werke«, sagte Jinjin, »woher hast du die?« Jinjin, die er vor Jahren kennengelernt hatte, als sie noch in einer Zeitschriftenredaktion angestellt gewesen war, leitete nun hier die Versteigerungen. »Das hier erkenne ich sofort, das ist ein Schmutzer. Das andere ist Schillers Porträt von Gluskey. Aber dieses hier? Ist das Robert Schiller selbst?« Sie strich sich durchs aschgrau gefärbte, kurzgeschnittene Haar. »Das ist ja fantastisch. Die Aufnahme kenne ich gar nicht. Ein Unikat. Woher hast du sie?«

»Gestohlen.«

»Mach keine Witze. Ich muss diese Frage stellen.«

»Von Robert selbst. Er hat mir die Fotografie geschenkt.«

»Toll.« Sie nannte ihm den Schätzwert.

»Das soll alles sein?«

Sie zuckte mit den Achseln und schob sich ihre schwarze Hornbrille ins Haar. »Schau mal, wenn du mich persönlich fragst, sollten alle drei deutlich mehr bringen. Aber ich kenne den Markt. Die Leute begreifen nicht, was sie vor sich haben. Für irgendeinen Ölschinken geben sie die Hälfte ihres Besitzes her. Wenn du sie dann fragst, warum, erklären sie dir, die Katze am Rand schaue aus wie ihre eigene. Wer weiß heute noch, welche Bedeutung Schmutzer vor fast einem Jahrhundert hatte? Und wer kennt noch Robert Schiller? Von Dave Gluskey ganz zu schweigen.«

»Sam Gluskey«, korrigierte er sie, aber nur ganz leise, denn Jinjin konnte nichts dafür, dass der Erlös nicht reichen würde, um für Tims Studiengebühren aufzukommen.

Er ließ die Fotografien im *Panorama*. Sein Geldproblem war zwar immer noch nicht gelöst, aber mit dem Verkauf des Schmucks und der Bilder war wenigstens ein erster Schritt gemacht. Unterwegs nach Hause dachte er an seinen Vater und an dessen damaliges Drängen, er, August, möge doch die Firma übernehmen. Er überlegte, Vaters Nachfolger, Michael Finke, anzurufen. Michael Finke, etwa zehn Jahre älter als August, war letztlich nur deshalb zum Juniorchef aufgestiegen und dann der neue Chef geworden, weil August seinem Vater eine Absage erteilt hatte. Sein Verzicht war die Grundlage für Finkes Aufstieg gewesen. Womöglich wäre Michael Finke bereit, den Enkel des Firmengründers Paul Becker zu unterstützen. Aus Dankbarkeit für seinen einstigen Mentor.

Zu Hause angekommen, stieg August der Duft von Marion in die Nase. Ihr Parfum lag noch in der Luft, obwohl sie vor Stunden schon gegangen war. Die Erinnerung an sie, aber auch die Fotos, die er von Popp geschossen hatte, und letztlich die vage Aussicht, das Geld für Tim doch noch zusammenzukratzen, hellten seine Stimmung auf. Er spielte ein altes Album von Eartha Kitt ab. Zu den Klängen von *Uska Dara* tänzelte er in die Küche, machte sich Kaffee, trug dann zu Earthas *Let's Do It* die Tasse ins Arbeitszimmer und machte sich – *bees do it* – an die Arbeit. Und während er den Takt mit dem Fuß mitwippte – *electric eels, I might add, do it* –, sichtete er noch einmal die Fotos, die er während des Interviews geschossen hatte. Es war die richtige Entscheidung gewesen, bisher nur zwei Bilder an die Redaktion geschickt zu haben, jenes von Popp mit dem Hammer vor dem Fass und das andere, das ihn inmitten seiner Anhänger zeigte. Nur nicht zu viele Aufnahmen anbieten, das war seine Strategie, denn Bruno, der Chef, neigte dazu, die langweiligste auszusuchen. Nun schickte er noch ein Foto hinterher, das während des Gesprächs mit Selma entstanden war. Dieses konnte dem gedruckten Interview mit Popp beigefügt werden, doch Augusts eigentliche Sicht auf den Politiker würde auf dem Titelblatt erscheinen. Er war sicher, mit jener Aufnahme Popp einen Spiegel vorzuhalten. So sollten ihn auch die Leser vom *Forum* sehen.

Einige andere Bilder aus der Serie, die Popp beim Fassanstich zeigten, postete August auf Facebook, Instagram und Twitter. Dann wählte er auf Spotify ein altes Album von Louis Prima aus und schon lief im Hintergrund *I'm Just a Gigolo*, und August wippte im Rhythmus der Musik, beschwingt von der Hoffnung, das Geld für Tim doch noch aufzutreiben, und vom Gedanken, dass er Marion in wenigen Stunden wiedersehen würde.

Bald gab es erste Reaktionen auf die geposteten Fotos. Während die einen lobten, wie gut Popp hier von August demaskiert worden war, waren die anderen begeistert von Popp und seiner zupackenden Art.

@rosa_luxusberg: Ich sehe hier keinen Popp vor dem Fass, sondern nur zwei Fässer. Eines voll Bier und eines voller Scheiße.

@linxrun: ein faschist mit tatwaffe.

@1horn: Hast du ihn auch einmal privat erlebt? Ist er da auch so wie mit dem Hammer? Ein Arschloch?

Auf diese Frage antwortete August, ohne lange nachzudenken. *@aug_gusto: Nein.*

@nasoweiß: Also im Privaten anders?

@aug_gusto: Würdest dich wundern. Wie ausgewechselt. Gar nicht der Popp, der vor seinen Anhängern losbrüllt. Da poppt ein ganz anderer Ulli hervor. Im persönlichen Gespräch sympathisch. Freundlich. Einfühlsam. Kunstverständig. Feinsinnig. Nachdenklich. Beinah sanft.

@nasoweiß: Fragt sich nur, wer der wahre Popp ist.

@aug_gusto: Der wahre Popp findet sich in meinen Bildern.

@linxrun: Herr Becker, ich glaub, ich verstehe Sie grad nicht so ganz – sympathisch, verständnisvoll, einfühlsam, kunstsinnig, nachdenklich … und so sanft! Das klingt ja richtig verliebt.

August musste grinsen, klickte kurz auf eines der vielen

Bilder, die er in den letzten Tagen von Marion geschossen hatte, und dann schrieb *@aug_gusto: Genau. Na, klar. So wird es sein. Ich bin verliebt. Wieso war mir das nicht schon längst klar?*

@hassenrass: Cooles Bild. Popp ist der Mann, den wir brauchen.

@aug_gusto: *Like mich am Arsch!*

August schloss das Programm. Er fühlte sich jetzt stark genug, um den Nachfolger seines Vaters anzurufen und ihn um Unterstützung für Tims Studium zu bitten. Aber zunächst ging er in die Küche, um eine Flasche Montepulciano d'Abruzzo aufzumachen. Die hatte er sich verdient. Er schaltete die Musik ab. Dann wählte er die Nummer.

»Wie bitte? Wer?«

»August. Pauls Sohn.«

»Verzeihung, ich bin gerade mitten ... Welcher Paul?«

»Paul Becker. Der Gründer Ihrer Firma.«

»Genau, Pauls Sohn! Wie geht es denn, Andreas?«

»Nein, August.«

»Genau! Sag ich doch ...«

Jeder Satz ein Missverständnis, eine Peinlichkeit, eine Demütigung. August erzählte von Tim, von dessen Begabung, von der bestandenen Aufnahmeprüfung, von seinen Chancen auf einen Platz an jener berühmten Universität. Aber Michael Finke schien nicht zu verstehen, worum es eigentlich ging, und als August davon begann, dass er nun versuche, Geld für die Studiengebühren aufzutreiben, und die Summe nannte, die ihm noch fehle, unterbrach der andere ihn jäh: »Genau. Verstehe. Ich bin nur gerade in einer ... Es ist jetzt ungünstig. Die Nummer hab ich ja jetzt. Meine Sekretärin wird sich melden. Genau. Sicher erinnere ich mich. Pauls Sohn, nicht wahr? Im Moment geht es nicht.«

Worauf August sich bedankte und versicherte, er habe nicht stören wollen. Selbstverständlich wolle er auf den Rückruf warten und er wünsche noch einen guten Abend.

Danach saß er mehrere Minuten still da, das Telefon noch in der Hand. Wie blöd von ihm, zu glauben, der einstige Geschäftspartner seines Vaters wisse noch, wer er sei, und warte nur darauf, einem Fremden die Studiengebühren zu zahlen. Er hatte sich zum Affen gemacht. Unfassbar peinlich war ihm der Anruf im Nachhinein; peinlich vor diesem Menschen, aber auch vor seinem längst verstorbenen Vater. Womit hatte Paul Becker es verdient, dass sich sein Sohn so eine Blöße gab. »Welcher Paul?« Was für ein kaltschnäuziger Pinkel war das doch.

Um sich abzulenken, schaltete er den Fernseher ein und ließ die Nachrichtensendung laufen, aber er konnte sich nicht konzentrieren. Die neuesten Meldungen aus dem Wahlkampf. Beiträge über die verschiedenen Kampagnen.

Gerade wollte er sich noch einmal nachschenken, als Marion sich bei ihm meldete. Er versuchte, sich nicht anmerken zu lassen, wie ihm nach dem Telefonat zumute war. »Der Wein«, sagte er, »ist schon offen und wartet nur auf dich.«

»Es tut mir so leid. Ich kann heute nicht. – Verzeih mir bitte, ich muss noch einen Artikel zu Ende schreiben, der kurzfristig ins Blatt muss.«

»Kein Problem. Versteh schon. Dann bleibt der ganze Montepulciano eben mir.«

»Sei mir nicht böse. Ich würde gerne zu dir kommen. Ob mit oder ohne Wein.«

Später, vor der fast schon leeren Flasche, schäumte in ihm all das Unvergorene der letzten Jahre auf, das Gefühl des Scheiterns als Sohn, als Ehemann, als Vater, als Fotograf. Immerhin, so dachte er, während er sich ein weiteres Mal

Wein nachschenkte, gab es diese eine Aufnahme von Popp, die ihm so gut gelungen war, die ihm niemand mehr wegnehmen konnte und die, so war er sich sicher, bleiben würde, denn er hatte mit diesem Foto dem Populisten endlich ein Gesicht gegeben. Hier, so dachte August, war zu sehen, was manche im Angesicht dieser Person »Nazi« schimpfen ließ, denn was dem Betrachter aus jenem Bild entgegenschaute, hatte etwas von einem Schläger, und die volkstümliche Hemdsärmeligkeit verstärkte den zwielichtigen Eindruck noch.

August trank sein Glas aus und goss den Rest aus der Flasche nach, während er das Bild anklickte, auf dem Popp zu seinem zweiten Schlag ausholte. Das war kein Ehemaliger und auch kein Neonazi, sondern der Prototyp einer neuen Bewegung. So kreisten die Gedanken in August, als er den nächsten Schluck vom Montepulciano nahm und sein Mobiltelefon klingelte. Es war Bruno, der Chefredakteur.

»Tolle Fotos«, sagte Bruno. Er lobte die Aufnahme, die Popp von hinten in der Menge zeigte. Großartig fand er auch jene, die August während des Interviews gemacht hatte. Hier sei Popps Verschlagenheit, ja, seine Hinterfotzigkeit sehr gut zu erkennen. »Ein tiefgründiges Bild«, sagte Bruno.

»Danke! Und sonst? Kein Wort zum Titelbild? Was sagst du denn zu Popp mit dem Hammer?«

Zunächst Schweigen, dann: »Ja, Popp und der Hammer. Weißt du es noch gar nicht? Hat sich niemand aus der Fotoredaktion bei dir gemeldet? – Weil, das nehmen wir nicht.«

»Was?«

»Ja«, Bruno seufzte, »keine leichte Entscheidung. Wunderbare Komposition … Ein Meisterwerk. Die meisten waren dafür. Ich – sei mir bitte nicht böse – nicht. Wir sind das *Forum*. Kritischer Journalismus, keine Agitation.«

»Das ist jetzt nicht dein Ernst, oder?«

»Drei Wochen vor der Wahl ist das nichts für uns. Es droht ja keine Machtübernahme, sondern allenfalls eine neue Koalition.«

»Er sagt, er befürwortet Militäreinsätze gegen Flüchtlinge! Er umgibt sich mit Rassisten! Er verhöhnt das Parlament, die unabhängige Justiz … Er steht mit anderen autoritären Gestalten Europas in Verbindung.«

»Was du nicht sagst … Glaubst du, ich weiß das nicht? Darüber habe ich doch selbst geschrieben. Liest du überhaupt meine Leitartikel? Übrigens … hast du Zeit? Willst du meinen neuen hören? Ich lese ihn dir vor. Erscheint nächste Woche …«

»Verdammt noch mal! Das Arschloch hetzt gegen Selma!«

»Ja, doch!«, schrie Bruno zurück, »und wir stehen zu ihr. Aber – bei aller Liebe zu Selma – ihn immer nur als das Böse abzutun, ist zu wenig. Es geht um Objektivität.«

»Indem du ihn nicht zeigst, wie er ist? Indem du das Bild von ihm unterdrückst?«

»Ich unterdrücke es nicht, sondern wir drucken es nicht. Es ist zu vordergründig. Deine anderen Fotos finde ich besser. Jeder von uns liefert einmal Besseres und einmal Schlechteres ab. Ich glaube, mir ist diesmal übrigens ein wirklich guter Leitartikel gelungen. Was ist? Soll ich ihn dir jetzt vorlesen?«

August schwieg. Er trank den letzten Rest Wein aus und wollte grußlos auflegen, da sagte Bruno: »August, du bist unser Fotograf. Seit Jahren. Nächste oder übernächste Woche werden wieder deine wunderbaren Porträts im *Forum* gedruckt werden. Und die beiden anderen Bilder haben wir dieses Mal im Blatt. Warum kannst du es nicht ganz nüchtern sehen?«

Es war das Wort nüchtern, das ihn stocken ließ. War ihm anzumerken, dass er zu viel getrunken hatte? War zu hören, wie schwer ihm die Zunge und das Denken geworden waren?

»Eine Frage noch«, sagte August, »was kommt aufs Titelblatt?«

Bruno zögerte, ehe er antwortete: »Na ja, nichts Besonderes. Ein ganz neutrales Foto.«

»Von Popp?«

»Ja. Aber nichts Besonderes.«

»Lass mich mal raten. Eine Aufnahme von Willi Scheine?«, fragte August, aber er kannte die Antwort, ehe Bruno sein »Ja« brummte, und in diesem »Ja« klang das schlechte Gewissen durch, das der Chefredakteur hatte. Er wisse natürlich, dass Willi Scheine exklusiv für Ulli Popp arbeite. »Aber es ist nur Popp vor den Mikrophonen. Nur ein Foto, August. So wie ihn viele sehen. Nicht mehr, aber auch nicht weniger. Einfach nur ein Bild von einem Mann.«

Noch lange, nachdem August aufgelegt hatte, saß er still vor der leeren Flasche und sah sich die Aufnahme auf seinem Bildschirm an. Popp mit dem Hammer vor dem Fass. Ihm war übel vom Alkohol und von Brunos Geschwafel, doch auch von seiner eigenen Ohnmacht. Wenn das *Forum* sein Foto nicht haben wollte, dann sollte es eben gar nicht erscheinen. Nirgends, in keiner Zeitschrift und in keiner Ausstellung. Schluss und aus. Nur Ulli Popp selbst wollte er wissen lassen, was er von ihm hielt. Dieses Schwein sollte sich so sehen, wie er, sein Lieblingsfotograf August Becker, ihn sah. Es war die Entscheidung eines Augenblicks. Warum auch nicht? Popp wollte doch ein Foto von ihm, er hatte doch darum gebeten, von ihm fotografiert zu werden, geradezu gebettelt hatte er darum! Sollte er sich doch dieses Foto in sein Büro hängen und vor seinen Jüngern damit renommieren.

Er fügte die Datei einer E-Mail an und schrieb: »Hiermit überlasse ich, August Becker, das beigefügte Foto« – es folgte die Kennzahl – »Ulli Popp zur allfälligen Verwendung und trete alle Rechte daran an ihn ab. Ulli Popp kann damit tun und lassen, was er will, mag es stellen, hängen, kleben, drucken, einsetzen, sich einrahmen oder hinstecken, wo immer er auch möchte!«

Es war ein Triumph, wenn auch ein bitterer, als er auf die Taste drückte, um die Bilddatei an Popps Adresse zu senden, und schon erklang da jenes Rauschen, das immer zu hören war, wenn eine E-Mail losgeschickt wurde, ein Sausen, ein Huschen – und da lief August Becker jäh die Gänsehaut über den Rücken.

7 Keine Geschichte ohne sein Bild. »Das war von Anfang an klar.« Selma war außer sich. August lag noch im Bett. Ihr Anruf hatte ihn geweckt. Er hatte Kopfweh. Grell blendete ihn das Licht, das durch die Jalousie fiel.

»So war es nicht ausgemacht. Die Fratze samt Hammer gehört aufs Cover. Sonst ziehe ich den Text zurück.«

»Jetzt übertreib nicht. Dein Artikel muss erscheinen.« August hatte furchtbaren Durst, ihm war schlecht und schwindlig, als wäre er auf hoher See. Der Schmerz pochte hinter den Schläfen. Er versuchte, Selma zu beruhigen. Aber nur ganz leise.

»Nein. Ich habe es Bruno schon gesagt. Was denkt der sich denn dabei? Das Foto gehört dazu. Wenn er es nicht bringt, ziehe ich den Text zurück.«

»Mach jetzt bitte nichts Unüberlegtes. Im Innenteil werden ja ohnehin meine Bilder sein.«

»Aber das eine vor dem Fass ist so gut.«

»Die anderen nicht?«

Sie überlege, zu kündigen, sagte Selma, aber er widersprach. Das sei doch Blödsinn. So sehr ihn Brunos Entscheidung auch ärgere, er wolle jetzt nicht mehr darüber reden. Genug. Er habe die ganze Nacht deswegen nicht geschlafen und fühle sich wie gerädert. Das Foto werde nicht im *Forum* veröffentlicht. Auch nirgendwo sonst. Es stehe gar nicht mehr zur Debatte und er wolle nichts mehr davon hören. »Schluss jetzt!« Im Grunde sei er selbst schuld. Es sei eben falsch gewesen, der Fotoredaktion nur drei Aufnahmen zur Auswahl angeboten zu haben. Da habe er sich wohl verrechnet. Er habe darauf spekuliert, dem Chefredakteur seine Einstellung aufzwingen zu können. Was soll's? Alles auf Sieg gesetzt und alles verspielt …

Als Selma noch einmal davon begann, Bruno zum Abdruck des Bildes zwingen zu wollen, wurde er ärgerlich. »Mach dich doch nicht lächerlich. Bruno hat ja irgendwie recht. Wahrscheinlich ist drei Wochen vor der Wahl so ein polarisierendes Foto einfach nicht gut. Schon gar nicht auf dem Titelblatt. Aber auch sonst nicht.« Und wem, bitte sehr, solle es denn nützen, wenn sie jetzt einen Skandal provoziere, ihm bestimmt nicht. Er habe keine Lust, das Bauernopfer in irgendwelchen Machtkämpfen und Redaktionskriegen zu sein. Oder habe sie etwa vor, gegen Bruno zu intrigieren? Sie wisse doch selbst, wer nur darauf warte, Bruno ausrutschen zu sehen. Seine Gegner im *Forum* seien doch keineswegs couragierter oder kritischer als er, im Gegenteil. Nein, es komme nichts Besseres nach.

Nach dem Gespräch fühlte er sich noch schlechter als zuvor. Aber gleich danach läutete das Telefon ein weiteres Mal. Marion war dran und ungeheuer gut aufgelegt. Ob er sie denn vermisst habe und ob sie sich an diesem Abend sehen wollten, fragte sie, und ehe er antworten konnte, sagte sie schon, dass sie um sechs bei ihm sein werde. Dann erst die Nachfrage, was das *Forum* denn zu seinem Popp mit dem Hammer gesagt habe. »Die sind ausgeflippt vor Begeisterung, oder?«

August holte tief Luft und erzählte Marion von Brunos Entscheidung. Sie wollte es ihm erst gar nicht glauben. Das könne doch nicht wahr sein! Ob die denn vollkommen durchgeknallt seien? »Wir nehmen das mit Handkuss. Zum doppelten Preis! Das muss doch erscheinen. Sag jetzt bitte nicht, du verkaufst das Foto nicht an uns, sondern an irgendein anderes Blatt. Das wäre echt gemein. Bitte gib es uns. Mach es mir zuliebe.«

Nein, sagte August. Er werde es niemandem mehr anbieten, er habe keine Lust, darüber weiterzureden. Für ihn sei die Sache erledigt.

Am Nachmittag hatte er einen Termin in einer Galerie. Er sollte eine Künstlerin fotografieren. Bis dahin war noch Zeit. Er brach auf, um bei Frank zu frühstücken, danach musste er noch einkaufen, um am Abend für Marion kochen zu können.

Frank brachte ihm – wie immer ohne Bestellung – den doppelten Espresso und ein Mineralwasser. August wollte außerdem ein Croissant. Am Nebentisch saß wieder einmal Flo Maus, der schon ein Clubsandwich und ein weiches Ei im Glas vertilgte. Er schnaufte dabei und schmatzte vor sich hin. In seinen Hemdkragen hatte er sich eine Papierserviette gesteckt, die über dem kleinkarierten Hemd flatterte, während er den Mund weit aufriss, um abzubeißen. Kauend blickte er, Krümel im Dreitagebart, zu August hinüber und nickte ihm zu. Warum musste er ausgerechnet heute dieser hinterhältigen Giftspritze begegnen, diesem Strippenzieher im Schauspiel der Macht? War er nicht ohnehin schon gestraft genug? Wie sollte er da in Ruhe frühstücken und seine Zeitung lesen?

»Tolle Fotos!«

»Wie?«

»Vor allem das von Popp vor dem Fass. Ein Hammer von einem Foto.«

»Woher kennst du es?«

»Ich habe so meine Quellen …«

Natürlich wusste August, dass Flo Maus über Verbindungen verfügte. Er war ein Meister des Anfütterns, lud bestimmte Journalisten zu Festbanketten, zu Auslandsreisen und Staatsbesuchen ein und andere wiederum aus. Er vermittelte Inserate mancher Ministerien oder staatsnaher Betriebe an jene Boulevardblätter, von denen er sich dafür freundliche Berichte erwarten durfte. Er vergab bestimmte Geschichten exklusiv, er enthüllte kleine Geheimnisse, streute Gerüchte. Maus kannte immer die ganze Halbwahrheit. Er verriet alles – allerdings nur jenen, die bereit waren, im Gegenzug manches, das nicht ins Bild passte, auszublenden. Die Stunde von Flo Maus war das Wochenende, wenn die Redaktionen kaum besetzt waren. Dann überschwemmte er sie mit Nachrichten, und ehe die Details nachgeprüft werden konnten, redete bereits die gesamte Nation darüber.

»Woher kennst du die Fotos, will ich wissen?«

»Ahnst du es nicht?«

»Wie viel zahlst du deinen Zuträgern?«

»Um zu wissen, was du ohnehin im Netz teilst? Ich bin doch nicht blöd. Großartig die Fotos von Popp, wirklich. Auch die Aufnahme von Marion Ettl auf der Bühne. Nicht übel … Gar nicht übel, nicht wahr?« Alles mit diesem Schnaufen.

August antwortete nicht.

»Gib doch zu«, sagte Maus, »ein unglaublicher Charme.« Er rief Frank zu: »Für mich auch ein Croissant. Eins mit Marmelade.« Dann wieder zu August: »Die ganzen Horrorgeschichten sind doch übertrieben.«

»Horrorgeschichten von Marion?«

»Ich rede doch von Popp, nicht wahr?« Maus lächelte halbseiden. Frank brachte das Croissant. Maus griff zu. »Die schmecken einfach herrlich! – Was meinst du? Aus der Nähe betrachtet ist alles anders …«

»Popp?«

»Ich rede doch von den Croissants. – Aber auch Popp … voller Esprit. Sensibel, interessiert. Aus der Nähe zumindest. Oder wie hieß das noch bei dir: *sympathisch, einfühlsam, feinsinnig, kunstverständig, nachdenklich … und so sanft …*«

Ja, das waren die Worte, die August im Netz verwendet hatte.

Flo Maus sagte: »Es ist ganz falsch, ihn zu einem Hitler zu machen.«

»Wer macht das?«

»Aus deinen Bildern von Popp schaut immer ein kleiner Hitler hervor. Aber im persönlichen Gespräch: *sympathisch, einfühlsam …*«

August sagte: »Wer vor dem Publikum auf die eine Art spricht, an der Bar auf eine andere und auf der Toilette auf eine dritte, redet immer nur in einer Funktion. In jener des Arschlochs.«

»Oder in jener des Politikers«, lachte Maus. »Popp stellt die richtigen Fragen. Er gibt halt nur die falschen Antworten. Aber was er anspricht, sind zum großen Teil jene Probleme, die von den anderen geleugnet werden. Nimm nur etwa den politischen Islam. Wir müssen dagegen vorgehen.«

»Kann ich dich vielleicht einmal fotografieren?«, fragte August, »ein Porträt von dir?«

»Vielleicht einmal …«, antwortete Maus und vertilgte den Rest des Croissants.

Draußen parkte ein Oldtimer. Zwei Männer stiegen aus und betraten das Lokal, ein fast schon grotesk aufeinander abgestimmtes Paar, einer in großkarierter Hose zum indigofarbenen Sakko, der andere oben in ebenjenem Tiefblau und unten im Würfelmuster. Ein Auftritt, der das ganze Lokal kurz andächtig werden ließ. Sie stellten sich an die Bar, und einer von ihnen sagte: »Prosecco für uns beide.«

Je stärker Popp werde, sagte Maus, desto enger schließe

sich die untergehende Elite zusammen und liefere damit Popps Polemik bloß neuen Zündstoff. »Für Popp gibt es nur Freund oder Erzfeind«, sagte Maus. »Dazwischen nichts. Wer für ihn ist, gehört zum Volk. Die anderen sind Fremde oder Verräter. Davon lebt er. Wer für ihn ist, vergöttert ihn, und wer gegen ihn ist, verteufelt ihn. Das nützt er aus. – Die Rechnung, Frank!« Und dann leise zu August: »Wenn wir nicht wollen, dass Popp und seine Leute uns überrollen, müssen wir aufhören, ihn auszugrenzen. Wenn du einen Feind nicht abwehren kannst, dann musst du ihn umarmen und an dich drücken, richtig fest zudrücken, bis du das Knacksen hörst in seinem Genick.« Maus zwinkerte ihm zu. Dann zog er sein Portemonnaie aus der Hosentasche.

Maus zahlte und war schon aufgestanden, doch ehe er ging, wandte er sich noch einmal um und rief Frank zu: »Du solltest alle hier von ihm fotografieren lassen.« Und dann durchs ganze Lokal: »Das ist August Becker. Er macht unglaublich schöne Porträts. Besonders dieses eine … aus Purer oder aus Sulzen …«

»Schön findest du das Bild von Popp?«, fragte August.

»Wieso denn Popp? Ich rede doch die ganze Zeit von Marion«, und im nächsten Moment war er verschwunden.

Frank brachte ihm ungefragt noch einen Espresso und ein Croissant – »geht aufs Haus« – und setzte sich zu August: »Du darfst Maus nicht über den Weg trauen. Der hat seine Finger überall drin. Hast du gesehen, wie der isst? Mehr brauch ich nicht zu wissen von einem …«

August lächelte: »Das Croissant schmeckt wunderbar!«

»War das übrigens letztens deine Freundin?«

»Ja, Marion Ettl. Journalistin.«

»Gefällt mir. Ja, nur weil ich Wirt bin, ist mir nicht jeder Gast gleich viel wert. Verstehst du? Ich stelle unangenehme

Fragen. Zum Beispiel: Warum bleibt mir immer weniger übrig, obwohl ich immer mehr arbeite? Warum werden die Mieten laufend höher, sodass ein Geschäft nach dem anderen in der Umgebung von irgendwelchen internationalen Ketten übernommen wird? Warum zahle ich jedes Jahr mehr Steuern, aber die Multis immer weniger? Weshalb werden wir ausgenommen, während Pharmakonzerne unterstützt werden? Wieso werden ständig neue Krankheiten erfunden? Und wieso kenne ich keinen, der daran leidet? Ich sage nur, Schweinegrippe, nicht wahr? Oder wieso werden uns immer mehr Impfungen empfohlen, obwohl es uns doch angeblich so gut geht wie noch nie? Ich will gar nicht von dem reden, was auf der großen Weltbühne alles gemauschelt wird. Ich sage nur New York, World Trade Center. Wieso bemerkte die Flugsicherung an jenem 11. September nichts? Ich weiß es nicht, aber das kann ja wohl kein Zufall sein. Und ist es bei uns anders? Dieser Filz, der über dem Land liegt und uns allen keine Luft zum Atmen lässt. Sie geben vor, die Demokratie zu verteidigen, und dabei wird sie hinterrücks abgeschafft. Vor der Wahl schütten sie einander an, um nachher wieder zu paktieren. Aber darüber wird nicht geredet. Die machen gar nicht mehr den Mund auf.«

»Wer?«, fragte August nach.

»Alle. Durch die Bank! – Mit Ausnahme vom Popp.«

»Findest du den etwa gut?«

»Nein, der ist furchtbar, aber zumindest tut er nicht so, als wäre er etwas Besseres. Mir geht diese politische Korrektheit auf die Nerven. Wir brauchen jemanden, der bereit ist, unser Arschloch zu sein, um den anderen Arschlöchern entgegenzutreten. Er redet, wo die anderen den Mund nicht aufkriegen. Und nicht alles, was er sagt, ist ganz falsch. Er spricht aus, was die anderen sich nicht zuzugeben trauen. Verstehst du?«

»Das klingt ja beinah so, als würdest du ihn wählen.«

Frank zuckte mit den Achseln: »Ich weiß gar nicht, ob ich wählen gehe. Geschweige denn, wen.«

»Dann frage ich anders. Hättest du ihn gerne als Stammgast?«

»Den Ulli?«, gab Frank zurück: »Sicher nicht!« Er rückte ganz nah an August heran und flüsterte, als verrate er ihm ein Geheimnis: »Der würde ja gar nichts konsumieren vor lauter Reden.«

Am Nachmittag dann der Fototermin in einer Galerie. Eine russische Künstlerin, die Briefe von Inhaftierten mit ihrem Blut auf die Leinwand gemalt hatte. Er schoss ein Foto von ihr. Beide Handrücken, die Finger weit gespreizt wie aufgespanntes Gefieder, hielt sie in die Kamera, reckte sie ihm entgegen, sodass ihr Gesicht wie hinter Gitter schien. Dann eine Aufnahme ihres Gesichtes im Halbschatten, aus unmittelbarer Nähe, die glatte weiße Haut, die Spiegelung in den Augen, das Taubengrün der Iris, die Sommersprossen, der halb geöffnete Mund, die Hände links und rechts wie Pistolen an die Schläfen gehalten.

Erst nachdem er fertig war und sich bereits verabschiedet hatte, auf dem Weg zu Rosinante, fiel ihm ein Plakat auf. Die Ankündigung der nächsten Ausstellung in der Galerie. *Fake* – so der Name. Arbeiten von Dino Ahmetović. Er blieb vor dem Poster stehen. Darauf war eines jener Bilder zu sehen, die er in Dinos Atelier gesehen hatte. Hatte Dino nicht behauptet, er wisse noch nicht, ob die Werke überhaupt gelungen seien und für eine Präsentation taugten? Hatte er nicht auch versichert, er werde um Erlaubnis fragen, bevor er sie herzeige?

Er bestieg den Motorroller, klappte den Seitenständer ein,

drehte den Schlüssel im Zündschloss, startete und fuhr los, vorbei an den Plakaten der verschiedenen Parteien, vorbei an den Bildern, auf denen immer wieder dieselben Personen zu sehen waren, jene Männer und Frauen, die an der Spitze ihrer jeweiligen Partei standen, vorbei an diesem Lächeln voller Zuversicht. Ein wenig mehr als zwei Wochen noch bis zum Wahlsonntag, dann würde dieser ganze Irrsinn endlich vorbei sein. Am Montag würde das *Forum* erscheinen, die vorletzte Nummer vor der Entscheidung, und das Titelbild würde von demselben Fotografen stammen, der auch die Aufnahmen für Popps Reklame auf den Straßen lieferte. Selma mochte im Heft gegen Popps rechte Tiraden und seine Hetze anschreiben, aber vorne drauf war eine andere Botschaft. Bruno hatte das *Forum* für Popp eingespannt. Das Magazin warb mit Popp, um mit ihm eine höhere Auflage zu erzielen.

Er ratterte auf Rosinante dahin, während er Selma anrief. Ob sie von der Ausstellung wisse. Sie zögerte mit der Antwort, gab dann zu, dass Dino sie ihr gegenüber erwähnt hatte. Aber sie wisse nicht, welche Arbeiten gezeigt werden sollen.

Ob sie nicht glaube, wurde August lauter, dass es richtig gewesen wäre, ihm das mitzuteilen? Er versuchte, den Verkehr rund um ihn herum zu übertönen. »Wieso hast du das zugelassen? Warum schweigst du zu allem?«, schrie er sie an.

Selma blieb still gegenüber seinen Anwürfen, aber dann sagte sie ihm in aller Deutlichkeit, dass sie nichts für Dinos Ausstellung könne und auch nicht dafür verantwortlich sei. Im Übrigen erzähle er ihr nichts von seinen Arbeiten, er habe sich seit Monaten schon in sein Atelier und in die Werkstatt zurückgezogen und vielleicht sei August ja aufgefallen, dass sein Bild nur eines unter vielen war. »Keine Ahnung, was er mit dieser Ausstellung vorhat. Nur eines ist klar. Er verschweigt es mir. Verstehst du? Er weicht mir aus, wenn ich über diese Serie, über *Fake* reden will. Aber warum fragst du ihn nicht selbst, wenn es dich so beschäftigt?«

Sie schreibe an einem weiteren Artikel über Popp, sagte Selma noch, doch diesmal gehe es nicht um ein Porträt. Ganz im Gegenteil. Sie recherchiere eine Geschichte, die brisant sei. Schade nur, dass sie den Text nicht bis zur Wahl abliefern werde könne. Sie blieb vage. »Ich will noch nicht darüber reden. Schon gar nicht am Telefon. Aber vielleicht können wir dann ja dein Foto verwenden.«

»Nein, dieses Foto gebe ich nicht mehr her, das habe ich dir ja schon gesagt. Vergiss es.« Und damit war auch alles gesagt, die Verabschiedung fiel knapp aus.

Wieder zu Hause, begann August damit, das Essen für den gemeinsamen Abend mit Marion vorzubereiten. Er war gerade dabei, den Spargel, den er gekauft hatte, zu waschen, als wieder das Telefon klingelte.

»Hallo? Alexander?«

»Nein, falsch verbunden.«

»Spreche ich nicht mit Paul Beckers Sohn?«

Er stockte. Es war Michael Finke, der Nachfolger seines Vaters. Er hatte sich tatsächlich zurückgemeldet, und diesmal hörte er August zu. Ja, er erinnere sich noch daran, wie August als Jugendlicher mit seiner Kamera herumgelaufen war. Wovon der Bub bloß dereinst leben werde, habe sein Vater damals immerzu gemeint. Paul Becker sei voller Sorgen gewesen um seinen Sohn, der partout nicht in die Firma hatte einsteigen wollen. Aber zugleich sei Augusts Vater so stolz gewesen auf ihn, auf seinen Sohn, habe von seiner Begabung geschwärmt und voller Liebe von ihm geredet. Im Grunde, meinte Finke, sei er ja nur deshalb Pauls Nachfolger geworden, weil August auf die Firma verzichtet habe. Paul Becker sei sein Mentor und sein Vorbild gewesen. Er habe ihn, Finke, einst als jungen Mann angestellt, habe ihn unter seine Fittiche genommen und ganz zum Schluss sogar zu seinem Juniorpartner gemacht. Alle hatten Paul Becker gemocht und sich von ihm sogar über den Tisch ziehen lassen, ohne ihm das krummzunehmen, weil er einfach so liebenswert und vertrauenswürdig war. Über all das habe er gestern noch nachgedacht, sagte Finke. Er könnte Tim eine Stelle in der Firma anbieten, die einst sein Großvater gegründet hatte.

»Nein«, sagte August, »das will er nicht. Er will an dieser Elite-Uni studieren, davon spricht er jetzt ohne Ende … Ich verstehe selbst nicht, was er damit will. Ich kann mir gar nicht vorstellen, was er mit diesem Studium anfangen will.«

»Nun, Arthur, da muss ich widersprechen. Der Bub hat schon recht. Das Studium dort eröffnet ihm viele Möglichkeiten, vor allem auch international. Er knüpft Kontakte, lernt neue Leute kennen, aber das Wichtigste ist: Er kommt aus diesem Sumpf hier raus.«

Finke begann von den politischen Verfilzungen im Land zu reden, vom Reformstau und davon, was alle in diesen Zeiten beklagten, dass alle nur raunzen würden, aber keiner bereit wäre, jenseits aller Parteiinteressen anzupacken. Es sei ein Elend. August stöpselte sich Kopfhörer in die Ohren, um seine Hände frei zu haben, er ließ den anderen sprechen, obwohl er kaum darauf hoffen konnte, von ihm Geld zu erhalten, und widmete sich wieder dem Spargel, wusch ihn und schnitt ihn dann in kleine Stücke. Währenddessen war Fink dazu übergegangen, über die junge Generation zu lamentieren. Leistung zähle gar nichts mehr, sondern nur noch Quoten, und überhaupt, dieser Genderwahn, fiel er sich selbst ins Wort, dann jedoch, als August mit einem Halbsatz dagegenzuhalten versuchte, meinte er sogleich, er sei – bei Gott – nicht gegen die Emanzipation, nein, ganz und gar nicht, im Gegenteil, denn die wahre Gefahr für die Frauenrechte käme von den Mohammedanern, also von den Moslems, ja, vom Islam an sich. Oder wolle August etwa die Gefahr des Terrorismus leugnen? Na, eben. Genau. Das wäre auch lächerlich, fügte er hinzu, um dann zu den Flüchtlingen überzuleiten, während August auf die Uhr schaute, weil er fürchtete, mit den Vorbereitungen für das Abendessen nicht rechtzeitig fertig zu werden. Gerade holte August tief Luft, um den Redeschwall zu unterbrechen, als Michael Finke plötzlich Ulli Popp zur Sprache brachte, um über diesen Nazi herzuziehen, wie er ihn nannte, diesen Faschisten, den es bei der Wahl unbedingt zu schlagen gelte, weshalb es absolut nötig sei, die Themen, die so viele Leute beschäftigten, nicht solchen Halunken wie Ulli Popp zu überlassen. August stellte einen Topf mit Wasser auf den Herd, gab Salz dazu, nahm eine Packung Reis aus dem Schrank, während Finke bedauerte, dass er das Telefonat leider beenden müsse, so nett es auch sei, miteinander zu plaudern, ja, so eine schöne Unterhaltung nach so vielen Jahren, doch nun müsse er dummerweise noch zu einem Termin, unaufschiebbar, doch ehe er auflege, wolle er Albert bitten, ihm doch seine Kontonummer zu übermitteln, er werde sich noch überlegen, mit welcher Summe er sich am Studium des jungen Mannes beteiligen werde, das sei er dem alten Paul Becker schließlich schuldig. Im Übrigen werde er von sich hören lassen.

Das Gespräch hatte August erschöpft, doch immerhin gab es eine kleine Hoffnung auf Geld für Tim. Er tippte eine Kurznachricht mit seinen Kontodaten ein, fügte einige Dankesworte in seinem eigenen sowie in Tims Namen hinzu und schickte die Nachricht ab. Dann räumte er alle Arbeitsunterlagen weg, schlichtete sie auf dem Schreibtisch zu ordentlichen Stapeln, warf die gestrige Kleidung, die noch auf einem Sessel lag, in den Wäschekorb, bezog sein Bett neu, wählte auf seinem PC ein Album mit Musik von Miles Davis aus und deckte gerade den Tisch, als Marion läutete.

Am nächsten Tag musste Marion früh los, ohne Frühstück. Er stand eine Stunde später auf, setzte Kaffee auf, scrollte am Tablet durch die neuesten Nachrichten der internationalen Tagespresse, blätterte in einer Wochenzeitung und las einzelne Kommentare und Artikel. Dann zog er sich Jogginghose, Langarmshirt und Laufschuhe an, Telefon und Ersatzschlüssel steckte er in die Armbinde. Ein paar Kniebeugen und Sprünge, er rannte hinunter auf die Straße und weiter zum zentral gelegenen Park. Es war ein sonniger Herbsttag, aber noch früh an diesem Samstagmorgen, und erst wenige waren unterwegs. Einige, die hier am Wochenende ihre Runden keuchten, kannte er bereits vom Sehen, die meisten vom Wegsehen.

Der Weg zurück nach Hause führte leicht bergauf, und er kam außer Atem, stolperte mehr von einem Schritt in den nächsten, als rhythmisch zu laufen, und erreichte japsend das Haustor, doch immerhin hatte er es geschafft. Das Licht vor den Augen war löchrig, während er nach Luft rang, aber sein Smartphone zeigte ihm an, dass er ein wenig schneller als sonst gewesen war.

Nach dem Duschen setzte er sich an den Schreibtisch. Er las seine E-Mails und die Kurznachrichten auf seinem Mobiltelefon. Am Nachmittag sollte er Fotos auf einer Demonstration gegen Popp und seine Bewegung schießen. Michael Finke bestätigte, die Kontodaten erhalten zu haben, und versprach, ihn nicht zu vergessen. Danach sah er nach den Reaktionen auf die von ihm geposteten Fotos. Die von Popp vor dem Fass und mit dem Hammer in der Hand hatten mit Abstand die meisten Likes erhalten. Noch nie war ein Beitrag von ihm auf so große Zustimmung gestoßen, dabei war nicht einmal jenes Bild dabei gewesen, auf dem Popp mit Mördervisage zum Schlag ausholte und das er für das Titelblatt vorgesehen hatte.

Am Nachmittag traf er sich mit Marion, die ihn auf die Kundgebung gegen Popp begleitete. August drängte sich durch die Menge, um an gute Motive zu kommen, Marion hielt sich abseits. Jemand klopfte ihm auf die Schulter und sagte: »Tolle Fotos von Popp auf Twitter.« Auf Plakaten wurde gegen Popps Forderung protestiert, Sonderklassen für Kinder einzurichten, deren Muttersprache nicht Deutsch war. Ein älterer Mann mit Megaphon schrie: »Wir wollen gemeinsam in die Schule gehen!« Aus der Menge kam die Antwort, ein tiefes Brummen: »Wir wollen gemeinsam in die Schule gehen!« Marion sagte: »Ich will eigentlich gar nicht mehr in die Schule gehen«, worauf eine Gruppe junger Leute sie misstrauisch beäugte.

Zwei waren in Streit geraten: »Du Faschist!«, schimpfte der eine.

»Wieso? Ich bin doch Antifaschist«, gab der andere zurück.

»Mir egal, was für ein Faschist du bist. Faschist bleibt Faschist!«

Am anderen Ende der Demo töteten jetzt Pressluftthupen und schrillten Trillerpfeifen, danach gingen einige bengalische Feuer los. Eine Reihe Polizisten mit Schutzschild und Knüppel nahm Aufstellung. Sie klappten die Helmvisiere zu. Eine Gruppe von Jugendlichen stimmte in den Singsang ein: »Samstags frei – für die Polizei.«

August machte seine Bilder. Vor einem Transparent mit der Aufschrift »Gebt den Nazis die Straße zurück – Stein für Stein!« sah er einen, den er seit Jahren kannte. Kein brutaler Mensch, kein Anarchist, kein Mitglied des Schwarzen Blocks, kein Schläger, doch ein ewiglich Geschlagener. August hatte schon viele Fotos von ihm geschossen, auf denen zu sehen war, wie er niedergehalten, auf den Boden gestoßen, von Wasserwerfern umgerissen und schließlich, die Arme auf den Rücken gedreht, abgeführt wurde. Wenn irgendwo ein Einsatz oder gar ein Übergriff der Exekutive drohte, mengte er sich dazwischen, als wolle er, wenn es zur Amtshandlung kam, nichts verpassen, worauf ihm sogleich ein Schlag verpasst wurde. Einmal war er festgenommen worden, nachdem er mit einer Truppe von Aktivisten die Hauswand eines Hotels, in dem sich bekannte Neonazis gerne trafen, beschmiert hatte. Ein Einsatzwagen war mit Blaulicht und Folgetonhorn näher gekommen. Alle hatten genug Zeit gehabt, zu flüchten. Manche liefen einfach in die Hotelbar und gaben sich als Gäste aus. Andere rannten in eine dunkle Gasse und verschwanden in einem Hauseingang. Nur der eine aus der Gruppe, den August schon so oft als Opfer von Polizeigewalt vor der Kamera gehabt hatte, raste allein los, aber in die falsche Richtung, der Funkstreife entgegen. Er stritt die Tat auch gar nicht ab, sondern schrie die Beamten an: »Ja, ich wars, ich hab die Wand beschrieben und bemalt, weil für mich gilt: Nie wieder!« Diesem »Nie wieder« galt sein unentwegtes Engagement, weshalb August, sooft er konnte, ein Bild von ihm machte. Selma hatte damals diese Geschichte recherchiert und öffentlich gemacht. Auch diesmal drängte sich jener Aktivist vor in die erste Reihe, wo bereits Unruhe zwischen den Uniformierten und den Demonstranten herrschte, aber diesmal blieb er völlig unbeachtet, denn die Polizei hatte es auf einen anderen abgesehen. Einer der Beamten wollte mit seinem Schlagstock eben auf einen Demonstranten einprügeln, der ihn getreten hatte, doch der wich geschickt aus, worauf der Uniformierte mit voller Wucht jenen erwischte, der auch sonst immer zum Handkuss kam, und genau in jenem Moment, als den der harte Gummi in die Nieren traf, sodass er sich vor Schmerz krümmte, drückte August ab. Während in dieser Ecke die Situation kurzfristig eskalierte, merkten die meisten anderen im Demonstrationszug davon gar nichts.

Mitten in der Menge trafen sie auf Charlie und Tim. August ging auf sie zu und zog Marion an der Hand mit sich. »Was macht ihr denn da? Das ist mein Sohn Tim, und das ist sein Freund.«

»Hey, ich heiße Charlie«, sagte der.

»Hey, ich bin Marion«, antwortete sie, »und das ist mein Freund.« Sie zeigte auf August.

»Seit wann geht ihr auf Demos?«, fragte August.

»Würdest du mal zuhören, wüsstest du, dass ich Charlie auf einer kennengelernt habe.«

»Ihr seid also nur auf Demos, um jemanden aufzureißen?«

»Nicht wirklich«, sagte Charlie, »die schönsten Männer auf den Demos sind leider immer noch die Polizisten …«

»Stimmt«, sagte Marion.

Ob August jetzt das Geld überweisen könne, denn die Frist laufe bereits in den nächsten Tagen ab, sagte Tim, aber ehe August eine Antwort stottern konnte, rettete Marion die Situation. Ob sie nicht alle drei mit zu ihr kommen wollten, dann könnte das Ganze in Ruhe und nicht hier auf der lauten Straße besprochen werden. Sie sei ohnehin gespannt, mehr von Tims Plänen zu hören.

»Leider geht das gar nicht.« August schüttelte energisch

den Kopf. »Mach dir keine Sorgen. Ich vergesse dich nicht, Tim. Aber ich muss weiter.« Er habe, fügte er hinzu, noch zu arbeiten; und das war nicht gelogen. Am Abend sollte er einen kamerunischen Saxophonisten porträtieren, der durch die Verbindung von Jazz mit der Musikkultur seiner Heimat zu Weltruhm gelangt war.

Später fotografierte er den Star, während der mit seiner Band eine Tonprobe machte. Er nahm ein Bild auf, als der Musiker mit dem Saxophon aus dem Dunkel trat und sich sein Gesicht im polierten Messing des Instruments spiegelte. August blieb auch dann noch, als er längst genug Fotos hatte. Gemeinsam mit Marion, die auch zum Konzert gekommen war, hörte er der Musik zu, die ihn eine Zeitlang alles um sich herum vergessen ließ. In der Pause redeten sie dann doch wieder von seinen Geldnöten und von Tim. Er verstehe nicht, was der Bub mit diesem Studium wolle, und dann auch noch im Ausland. Aber da fuhr ihm Marion über den Mund. Er solle endlich mit dieser ewigen Nörgelei aufhören, sie mit seinem Missmut verschonen. Er könne froh sein, so einen talentierten Sohn zu haben. Sie sagte: »So ein prachtvoller Kerl, und du tust so, als sei er irgendein geldgieriger Yuppie. Dabei möchte er begreifen, wie diese Wirtschaftswelt funktioniert.«

»Du meinst wohl, wie sie nicht funktioniert.«

»Hast du überhaupt zugehört, was er auf der Demo gesagt hat?« Ob er den Fehler wiederholen wolle, den sein Vater bei ihm begangen habe. Tim träume von etwas Neuem, davon, die Welt besser zu machen, diesen Enthusiasmus könne er ihm doch nicht nehmen. Sie redete über seinen Sohn in einer Art, wie es auch Ella oder Sigi taten, aber bei ihr klang alles viel glaubwürdiger und einleuchtender.

Am Montag bearbeitete er die Porträts, die er von dem Saxophonisten und auf seinem Konzert aufgenommen hatte. Bilder des tanzenden Publikums und mittendrin immer wieder Marion. Er hörte währenddessen die Nachrichten, aktuelle Umfrageergebnisse, Neuigkeiten über den Wahlkampf, ehe er zum Briefkasten hinunterging, um die Post und die aktuelle Ausgabe des *Forum* zu holen. Auf dem Cover prangte tatsächlich Willi Scheines Popp-Porträt, und unbändiger Zorn überkam ihn, als hätte er nicht schon seit Tagen gewusst, was ihn erwartete. Das Foto war noch schlechter, als er vermutet hatte. Nie hätte er es gewagt, so einen Abklatsch abzuliefern.

»Nur Wählern von Popp gefällt so ein Dreck«, meinte Selma am späteren Nachmittag, und Marion tröstete ihn am Abend: »Es geht ihnen halt um die Quoten.«

Am Dienstag schickte er endlich die Aufnahmen des kamerunischen Musikers an dessen Agentur, der Saxophonist solle selbst entscheiden, welche Bilder ihm am besten gefielen, und am Mittwoch wollte er online einige Überweisungen durchführen, doch schon auf den ersten Blick fiel ihm auf, dass mit seinem Kontostand etwas nicht stimmte. Ihm wurde heiß und ein wenig übel. Gänsehaut. Kurz zweifelte er, ob das hier wirklich sein Konto war, aber da standen sein Name und seine Kontonummer. Nur die ungemein hohe Gutschrift war ihm ein Rätsel. Woher kam diese Einzahlung? Das musste Michael Finke gewesen sein, dachte August. Klar! Der Nachfolger seines Vaters, der einstige Juniorpartner hatte ihm viel mehr überwiesen, als er je erhofft hatte. Er stand auf, um ein paar Runden durch die Wohnung zu drehen. Erst dann wagte er wieder einen Blick auf den Bildschirm. Es war genau die Summe, die Tim brauchte. Er sah sich den Betrag an, ein ums andere Mal, und konnte sein Glück nicht fassen.

Durfte er ein solches Geschenk überhaupt annehmen? Musste er nicht ablehnen? Und welche Verpflichtungen waren damit verbunden? In Augusts Erleichterung mischte sich ein unangenehmes Gefühl.

Er tippte eine SMS an Michael Finke, schrieb, dass er »sprachlos vor Dankbarkeit« sei und »überwältigt von der Großzügigkeit«. Die Antwort kam postwendend und knapp. »Nicht der Rede wert«, und dann noch: »In Erinnerung an Paul, lieber Axel.«

August rief Tim an. »Ich habe das Geld!« Er solle ihm jetzt die Bankdaten schicken, um die er ihn schon vor Tagen gebeten habe. Tim schrie auf vor Begeisterung. »Hey, Alter! Das ist ja megageil! Ich danke dir so sehr.« Denn er habe schon, nun könne er es ja gestehen, befürchtet, August habe ihm mehr versprochen, als er halten könnte, ja, er habe sich innerlich längst damit abgefunden, doch nicht im Ausland studieren zu können. Diese Überraschung sei ihm, seinem Papa, unglaublich gut gelungen, jubelte Tim und diktierte ihm sogleich, ganz langsam und deutlich, die Kontoverbindung der Universität.

Danach rief August Marion an, um von dieser Neuigkeit zu erzählen, dazwischen schickte ihm Ella, die bereits von Tim informiert worden war, per Kurznachricht Küsschen und versicherte ihm, was für ein toller Vater er sei, und dann meldete sich auch noch Sigi, der Reservepapa und schrieb: »Grüße und Dank an den besten Daddy!« Alle waren nun ein Herz und eine Seele, wie es kein Familienfest, kein Geburtstag und keine Hochzeit hätten stiften können.

August versuchte nun, ganz ruhig zu bleiben. Nur kein Fehler jetzt bei der Online-Überweisung auf das Universitätskonto. Dreimal die Zahlen überprüft. Als er den Betrag freigab, überstieg er den erlaubten Rahmen bei Weitem, weshalb er erst sein Tageslimit ändern musste, die Transaktionsnummer, die er per SMS erhielt, einzutragen hatte, dann erst konnte er den Vorgang fortsetzen, worauf wieder das Handy piepste, damit er den richtigen Code eingeben konnte. Nun endlich durfte er den Transfer abschließen. Er hatte es geschafft.

Im letzten Augenblick erst, als er die Online-Banking-Seite schon wieder verlassen wollte, fiel ihm eine weitere Gutschrift auf seinem Konto auf, die vor Kurzem erst gebucht worden war. Kein Honorar vom *Forum*, auch nicht von jenen Auftraggebern, mit denen er in letzter Zeit gearbeitet hatte. Woher kam dieser Betrag? Er kontrollierte die Details, und da stand geschrieben: Michael Finke. Der Nachfolger seines Vaters hatte eine weitere, lächerlich geringe Summe überwiesen. Tatsächlich nicht der Rede wert. Aber wieso war sie getrennt eingezahlt worden? Er verglich die Absender der beiden Beträge, und da erst fiel ihm ein Firmenname ins Auge, den er vorhin übersehen hatte. *Dimension U. P. Eye* hatte die große Summe überwiesen. Er googelte diese Firmenabkürzung und stieß schnell auf den vollen Namen: *Dimension Ulli PoppEye*. Das Public-Relation-Unternehmen des Politikers … In diesem Moment begriff er. Ihm wurde schwindlig. Wie konnte ihm das passiert sein? Wie konnte er so blind und naiv gewesen sein? Er hörte sein Herz schneller schlagen. Es klang in ihm wie: »Ulli Popp, Ulli Popp, Ulli Popp.« Das Geld kam von ihm höchstpersönlich. Es war die Fantasiesumme, die Popp ihm angeboten hatte für ein Foto von ihm, damals, in jener Nacht an der Bar. Und er hatte Wort gehalten. August starrte auf den Bildschirm. Hatte er das Offensichtliche nicht erfasst, weil er das Geld so dringend brauchte? War es Selbstbetrug gewesen oder bloß ein Irrtum? Und was jetzt? Die Transaktion war bereits erfolgt. Natürlich könnte er die Bank anrufen und alles widerrufen. Ihm sei ein Fehler unterlaufen, könnte er seinem Betreuer in der Filiale sagen, so was kommt schon mal vor. Aber genau das zu tun, war er nicht imstande. Tim alles wieder wegnehmen? Ihm sagen, dass er sich zu früh gefreut habe? Zugeben, dass er sein Versprechen nicht würde halten können? Seinen Sohn ein weiteres Mal enttäuschen, wie damals? »Aber du hast doch gesagt, ihr würdet euch nie trennen!«

Es musste ja niemand erfahren, dachte er jetzt. Er würde einfach keinem verraten, wie er alles zusammengekratzt hatte. Vielleicht würde er es nur Marion erzählen – unter dem Siegel der Verschwiegenheit, denn sie war dabei gewesen, als Popp ihm das Angebot gemacht hatte. Popp konnte das Foto, auf dem er aussah wie ein Mörder, ohnehin nicht groß herumzeigen. Bestenfalls könnte er es zu Hause aufhängen, und womöglich würde er es irgendwann posten, als Gag. Denn so würde er sich nicht darstellen und auch nicht gesehen werden wollen. Nein, von dieser Seite drohte keine Gefahr. August musste nur ruhig bleiben. Er musste nur stillhalten, dann würde niemand erfahren, wie er an das Geld gekommen war. Und außerdem: Er war Vater, trug Verantwortung für seinen Sohn. Durfte er überhaupt ein Prinzipienreiter sein? Musste nicht auch er Kompromisse eingehen? Wie könnte er seinem eigenen Kind im Weg stehen?

Was war das für eine Zeit, in der selbst er zum Nutznießer eines Ulli Popp wurde? In der selbst einer wie Flo Maus, Popps politischer Gegner, mit ihm rechnete und auf ihn zählte? Jeder hatte plötzlich gute Gründe, auf Popps Sieg zu setzen, weil alle beschlossen hatten, es lohne sich ohnehin nicht mehr, gegen ihn zu kämpfen. Und selbst jene, die – wie etwa dieser Widerling Finke – Popp beschimpften und vehement gegen ihn waren, klangen nur noch wie sein eigenes Echo und wetteiferten mit ihm im Bestreben, dem vermeintlichen Volk nach dem Maul zu reden und in alle Vorurteile einzustimmen. Wenn sogar Frank, dieser Freischärler des guten Geschmacks, der mit seinem Lokal einen Ort der Offenheit, des Feingefühls und des Kunstsinns geschaffen hatte, so über Popp sprach, als sei dieses Arschloch der bessere Charakter, weil er zumindest nicht so tue, als sei er ein guter Mensch, dann war es vielleicht auch für ihn, für August Becker, gar nicht mehr möglich, ein solches Angebot abzulehnen. Zum Schimpfwort der Öffentlichkeit war der Gutmensch geworden. Das zu sein schien viel schlimmer, als einer von Popps Wählern zu werden. Warum sollte er nicht dessen Geld einstreifen, wenn selbst das *Forum*, jene Zeitung, an die er immer geglaubt hatte, in der er sich immer zu Hause gefühlt hatte, lieber ein Foto auf dem Titelblatt brachte, das von Popps Haus- und Hofknipser stammte? »Ullí Ullí Ullí Ullíi – Úlli Úlli – Ulli Popp!«

Zur Sicherheit rief er Kevin an, den Fotoredakteur, und teilte ihm mit, das Foto, ja, jenes mit dem Hammer und Popp vor dem Fass, sei nicht mehr zu verwenden. Er ziehe es endgültig zurück.

»Aber wieso denn? Vielleicht bringen wir es in den Wochen nach der Wahl. Eine heiße Geschichte von Selma steht an. Sie deckt gerade einen Skandal rund um Popp auf.«

Er habe damit etwas ganz anderes vor, sagte August, es dürfe nicht mehr erscheinen.

»Schade«, sagte Kevin, »wenn es dir wirklich ernst ist, dann lösche ich das Foto aus unserem Archiv.«

Ohne Brunos Ablehnung hätte August wohl nie Tims sehnlichsten Wunsch erfüllen können. Im Grunde müsste er dem Chefredakteur dankbar sein. Die Einzige, der er von diesem fragwürdigen Deal erzählen musste, war Marion. Ihr gegenüber konnte er nicht verschweigen, was passiert war, denn sie wusste Bescheid über dieses Foto und war sogar bei seiner Entstehung dabei gewesen. Außerdem kannte sie Popp, und es war durchaus denkbar, dass er ihr es eines Tages zeigen würde. Selma hingegen wollte er lieber nicht einweihen.

Als Marion anrief, meinte er: »Ich muss dir noch etwas sagen, was ich vorher nicht wusste.«

»Ist das Geld doch nicht angekommen?«

»Nein, darum geht es nicht.«

»Was dann?«

Aber Marion fand nichts Anrüchiges an Popps Überweisung. Das sei doch wunderbar, so Marion, wenn Popp ihn für dieses Bild entlohne, ohne es überhaupt herzeigen zu können. Das sei doch das Beste, was August passieren könne. Er habe Popp, sagte Marion, mit dessen eigenen Waffen geschlagen! Popp wolle doch nur eines – sich überall widerspiegeln. Es war sein Ziel gewesen, damit anzugeben, von August Becker fotografiert worden zu sein. Er wollte August zu seiner Sammlung hinzufügen. Aber August, so Marion, habe ihm das mit diesem Foto gründlich verdorben.

Am nächsten Montag, in der letzten Woche vor der Wahl, besuchten Marion und August eine Gruppenausstellung japanischer Künstler und Künstlerinnen. Sie umkreisten gerade eine Vitrine, in der eine ausgestopfte Ratte zu sehen war, auf den Hinterbeinen stehend wie ein kleines Menschlein mitten in einem modernen Puppenhaus, als ihn mit einem Piepton eine Kurznachricht erreichte: »Tolle Arbeit, August. LOL. Du hast ihn ausgetrickst. Ein echter Becker. Gratulation.« Es folgten die einschlägigen Emojis, lachende Gesichter und Champagnerflaschen und dann: »Diesmal hat er sich verkalkuliert. Geschieht ihm ganz recht. LG Dein Willi Scheine.«

Er zeigte Marion die Mitteilung auf dem Display. Sie zuckte die Achseln. Wahrscheinlich, sagte sie, gehe es um die Fotos, die im Innenteil des neuen *Forum*-Heftes abgedruckt worden waren. Oder vielleicht um die Bilder, die er in den sozialen Netzwerken geteilt hatte. Er versuchte, Willi Scheine anzurufen, doch der hob nicht ab. Er schickte ihm eine SMS. Willi Scheine antwortete nicht. Sie gingen weiter, und August schaltete sein Handy auf lautlos. Er wollte die Kunstwerke genießen.

Später, als sie das Museum wieder verlassen hatten, flanierten sie durch die Straßen der Stadt auf der Suche nach einem Restaurant. Als sie eine größere Straße überqueren wollten, war sie es, die es als Erste sah, während August noch in die andere Richtung schaute. Sie stieß ihn an, mit offenem Mund, die Augen weit aufgerissen, und da sah er es auch.

Eine Fassadenverkleidung, riesengroß, vor ein Hochhaus gespannt, in gigantischem Format. Sein Foto, Popp vor dem Fass, das verzerrte Gesicht, der vorgeschobene Unterkiefer, der starre Blick, der erhobene Arm und der Hammer im Schwung kurz vor dem Aufschlag – in dieser Monumentalität wirkte Popp wie ein Koloss, ein Monster, ein Unmensch.

Über dem Bild stand geschrieben: »Schlag auf Schlag.«

Und darunter die Worte: »Ulli Popp – Ein Hammer für die Rechte des Volkes.«

»Komm, wir gehen nach Hause«, sagte Marion, doch auf ihrem Weg stießen sie immer wieder auf das Plakat. Die ganze Stadt war voll davon, und auf jedem einzelnen war jenes Bild zu sehen, sein Foto, die Fratze, der gigantische Schlegel, der Holzhammer, der ihnen machtvoll und drohend entgegenragte, als würde er im nächsten Moment auf sie niedersausen, und darauf wiederum war zu lesen:

Schlag ein!

Ulli Popp – Ein Hammer für die Rechte des Volkes!

8

Das Bild von einem Mann. Sein Bild. Sie liefen durch die Straßen. August konnte nicht aufhören, jede einzelne Plakatwand, jeden Dreiecksständer anzustarren. Überall sein Foto. Eine Ausstellung seines Werks, die ihm zum Alptraum wurde. August geriet ins Taumeln, musste sich an Marion festhalten. Auf die Plakate war Text gedruckt. »Gegen die Überfremdung!«, stand da. »Gegen die Flüchtlingsflut!« »Gegen den EU-Wahn!« »Gegen den Islamterror!« »Gegen die Asylkriminalität!« Und darunter jeweils der Slogan: »Schlag auf Schlag!«

Um ihn herum Ulli Popps Fratze, hasserfüllt, hämisch, als verspotte ihn der Politiker. Ja, dachte August, vor seinen Augen stand der Verrat, den er begangen hatte, auch an sich selbst. Niemand würde das, wofür er ein Leben lang eingestanden war, noch ernst nehmen. Er hatte über den Feind triumphieren wollen, aus gekränkter Eitelkeit hatte er seinen Ruf aufs Spiel gesetzt und alles verloren. War es ihm nicht immer darum gegangen, nicht dem Monströsen zu verfallen? Seine Kunst bestand doch darin, das menschliche Maß zu wahren, auf das menschliche Maß zu bestehen und nicht vor der Faszination der Größe zu kapitulieren. Aber hier war nichts mehr von dieser Kunst zu erkennen. Von überall her sprang ihn sein Bild an. Das ganze Land mochte schon mit seiner Arbeit überzogen sein, »Ulli Popp – Ein Hammer für die Rechte des Volkes!«, »Schlag ein!«, und alle würden bald auf ihn zeigen wie auf einen Clown, auf einen traurigen August mit Kamera statt Pappnase.

Marion schüttelte den Kopf: »Das ist doch völlig durchgedreht. Diesmal ist Ulli zu weit gegangen.«

August antwortete nicht. Seit wann geht dieser Popp nicht

zu weit, dachte er im Stillen, er lebt doch davon, zu weit zu gehen, und alle nennen ihn Ulli, als wäre er ihr Freund. Wieso, ging es ihm durch den Kopf, redeten selbst seine Gegner nicht vom Demagogen Popp, sondern vom Ulli, als wäre er ein Kumpel aus der Jugendzeit, der eben nie über die Bubenstreiche früherer Tage hinweggekommen war? Als wäre Popp ein Verwandter, für den man sich zwar ein wenig schämt, weil er peinlich und ein Rüpel ist, den aber dennoch niemand verstoßen möchte. Aber August war zu niedergeschlagen, um sich mit Marion zu streiten. Er verfluchte sich. Warum bloß hatte er Popp die Datei geschickt? Wieso war er so unvorsichtig, hirnlos und unprofessionell gewesen? Wirklich nur aus Ärger über Bruno? Weil er wütend war auf das *Forum* und dessen Chefredakteur? Aber dann wäre es doch immer noch besser gewesen, Marions Angebot anzunehmen und das Bild *TOTAL* zu überlassen. Was wäre so schlimm daran gewesen, wenn es im *TOTAL* erschienen wäre? Aber für all das war es jetzt zu spät. Er würde von nun an mit dieser Schande leben müssen. Was hätte wohl sein Mentor Robert Schiller über ihn gedacht, was Sam Gluskey?

Es war die Angst gewesen, vor Tim zu versagen, den Sohn zu enttäuschen. Er stand vor dem Plakat, auf dem zum vernichtenden Schlag gegen alles Fremde aufgerufen wurde, und schüttelte den Kopf.

Marion strich ihm über den Rücken und sagte: »Niemand konnte annehmen, dass er so weit geht.«

»Ich bin erledigt«, antwortete er nur. Sie umarmte ihn, er ließ es geschehen, dann schlug sie vor, dass er mit zu ihr kommen solle, sie wolle ihn jetzt nicht allein lassen und in ihrer Wohnung könnten sie sich beide ausruhen, womöglich schlafen, jedenfalls abschalten.

August nickte, ihre Wohnung, seine Wohnung, ihm war

alles egal, nur wollte er noch irgendwo einkehren und ein Glas trinken, um sich zu beruhigen.

Sie schlug ein Lokal ganz in der Nähe vor. Über der Bar lief der Fernseher. Irgendein Fußballspiel. Kaum saßen sie, läutete sein Telefon. Es war Dino Ahmetović. August ließ den Klingelton weiterspielen, bis die Gäste an den Nachbartischen sich umschauten. Marion sagte: »Willst du nicht endlich antworten?«

Er drückte den Anruf weg. Wozu sollte er sich Dinos Häme anhören. Er wusste genau, was der ihm sagen würde. »Hatte ich nicht recht?«, würde Dino triumphieren, »du hast keine Eier, du hast keinen Schwanz. Deshalb wolltest du Selma zunächst auch gar nicht begleiten. Du warst von Anfang an ein feiger Verräter.« August hatte keine Lust, auch das noch über sich ergehen zu lassen. Er stellte das Handy auf stumm und studierte die Speisekarte.

Der Kellner kam an ihren Tisch. Marion bestellte Mineralwasser und Salat mit Avocado, für ihn musste es Rotwein und gebackener Käse sein. Sechs Biker in Lederkleidung, die Helme in der Armbeuge, stellten sich an die Bar. Der Wirt griff zur Fernbedienung und zielte auf den Fernseher an der Wand. Er schaltete vom Fußballspiel auf eine Politsendung um, auf eine der vielen Diskussionsrunden vor der Wahl. Noch einmal eine Debatte der Spitzenleute, die gegeneinander antraten, und natürlich war auch er wieder dabei, Ulli Popp – August schaute entnervt zur Seite und seufzte. Marion fasste nach seiner Hand. Das Telefon vibrierte. Wieder war es Dino. Diesmal ging er ran und sagte unwirsch: »Was willst du denn?«

Dino stockte kurz, dann sagte er: »Ich muss Abbitte leisten.«

»Wie bitte?«

»Ich habe dich unterschätzt. Alle Achtung! Ich hatte unrecht.«

»Was willst du?«, fuhr August ihn an. Er lauerte auf eine Gemeinheit, Marion sah ihn schon voller Mitleid an, aber August hatte nicht vor, sich irgendetwas gefallen zu lassen. Nicht von Dino. Nicht so. Und verfluchen konnte er sich auch selbst.

»Ich möchte mich einfach entschuldigen. Ich meine das ganz ernst. Dieses Foto ist irre stark, ein wunderbares Bild. So etwas kriegst nur du hin. Es ist der einzig richtige Kommentar. Ich habe mich in dir getäuscht. Meine Übermalung … Du ohne Schwanz, ohne Eier. Das war Scheiße. Eifersucht und Missgunst war das.«

»Willst du dich über mich lustig machen?«

»Im Gegenteil. Du hast ihn dekuvriert, hast ihm seine Maske heruntergerissen.«

»Aber er verwendet das Foto als Werbeplakat, du Idiot!« August fauchte ins Telefon.

Marion strich ihm über den Oberarm und fragte leise: »Was will der von dir?«

August stellte das Handy auf Lautsprecher, und beide hörten sie Dino sagen: »Das ist sein Fehler. Verstehst du es denn noch immer nicht? Du hast ihn ausgetrickst! Er ist dir auf den Leim gegangen.«

»Das war doch gar nicht meine Absicht.«

»Das ist scheißegal! Vollkommen. Unsere Kunst ist klüger als wir. Begreifst du nicht? Du hast ihn zur Kenntlichkeit entstellt.«

August wusste nicht, was er antworten sollte. Er hatte mit Angriffen gerechnet und mit Vorwürfen. War Dino nicht klar, dass er, August, Selma verraten hatte? Er sagte: »Deine Frau wird das kaum so sehen.«

»Egal. Am Ende wird sie dir verzeihen. Die kennt uns besser, als du glaubst. Selma ist Journalistin. Aber du, August, du bist Fotograf. Darum geht es. Um nichts anderes.«

Im Fernsehen hielt die Spitzenkandidatin der gegnerischen Partei Popp gerade seinen Zynismus vor, seine Taktik, Unwahrheiten in die Welt zu setzen und dann nur halbherzig zurückzunehmen. Die Runde der Biker johlte höhnisch, als die Politikerin sprach.

Dino sagte: »Jedenfalls muss ich mich bei dir entschuldigen. Eier aus Stahl hast du! Und das Bild ist genial. Du wirst sehen: Popp wird damit untergehen.«

Kurz nachdem er aufgelegt hatte, wiederholte die Politikerin im Fernsehen fast dieselben Worte. Sie sagte: »Für dieses Plakat werden Ihnen die Menschen in unserem Land die Rechnung präsentieren. Dieses Plakat ist ein Skandal. Das wollen die Leute nicht.«

Popp lachte sie an, er lachte sie aus, doch Marion meinte, sie habe Popp noch nie so einsilbig gesehen, fast verlegen, wie ein Bub, der von seiner Mutter ausgeschimpft werde.

Vielleicht hatten ja doch alle recht – Willi Scheine, Dino Ahmetović, die Spitzenkandidatin der liberalen Partei –, die meinten, Popp habe sich diesmal verrechnet, und wie zur Bestätigung erklärte einer der Biker an der Bar: »Da hat er aber gewaltig über den Zapfen gehauen.«

Und ein zweiter stimmte zu: »Ja, der ist halt oft ein wenig heftig. Auch wenn er immer wieder den Nagel auf den Kopf trifft.«

Der Eingang zu Marions Wohnung führte durch einen Wintergarten mit tropischen Pflanzen. Bereits im Vorzimmer Bücherwände, weiter Raum, wenig Möbel, an den freien Flächen hing moderne Kunst, und mittendrin, gerahmt und hinter Glas, tatsächlich mehrere seiner Fotos. Ein großer Tisch, darauf ein Rechner mit riesigem Bildschirm. Im Schlafzimmer Büchertürme um das Bett herum.

Sie reichte ihm eine Zahnbürste, noch nicht ausgepackt. Dasselbe Modell, das er zu Hause verwendete. Sie legten sich ins Bett, Marion kuschelte sich an ihn, und beinahe wie im Reflex küsste er sie. Danach lagen sie still beieinander, bis wieder sein Telefon summte. Er sah nach. Er fürchtete Selmas Anruf, doch es war nur der Fotoredakteur.

August ging ran, stellte auf Lautsprecher und sagte nur: »Ja.«

»Alle Achtung, Killer.«

»Ich kann es erklären, Kevin.«

»Ist doch nicht nötig. Du hast eben ein Spitzenbild geliefert.«

»Es ist nicht so, wie du denkst.«

»Lass gut sein. Keine Sorge. Es ist alles okay. Wir haben uns entschieden, und du hast eben deine Konsequenzen gezogen. Ist doch in Ordnung.«

August schwieg. Marion nickte zu den Worten des Fotoredakteurs.

»Verrückt, der Typ! Aber schuld ist der Text, nicht dein Foto. ›Schlag auf Schlag.‹ Damit hat er es vermasselt. Der hat die Wahlen verloren. Mit diesem Plakat ist er Geschichte. Beinah tut's mir leid um ihn …«

»Was soll das heißen?«

»Popp stellt die richtigen Fragen. Er gibt halt nur die falschen Antworten.«

August verdrehte die Augen: »Ich wollte nur wissen, ob du wirklich glaubst, dass das Plakat ihm schadet.«

»Du stellst dumme Fragen. Du hast ihm den Grabstein gesetzt. Wieso zweifelst du überhaupt daran? Du bist sein

Totengräber. Sein Bestatter. Wieso muss ich dir das überhaupt erklären? Verstehst du es nicht? Ich glaub beinah, es gibt überhaupt nur zwei Menschen, die zu blöd sind, um das zu begreifen. Wer? Erraten – der Ulli und der dumme August! … Wie auch immer. Ich rufe nicht an, um dich nur zu loben. Morgen ist eine Pressekonferenz mit Popp. Wir brauchen dich.«

Als er am nächsten Morgen aufwachte, war Marion schon aufgestanden. Sie hatte, während er noch tief geschlafen hatte, ihre Kolumne geschrieben und auch schon abgeschickt. Der Kaffee stehe in der Küche, sagte sie und verschwand ins Bad. Auf dem Schreibtisch stand noch ihr Laptop. Auf dem Monitor sah er ihren Text. »Einen Hammer haben«, so der Titel. Die Hoffnung, die so viele in Popp gesetzt hatten, sei nun endgültig enttäuscht. Anfangs habe es so ausgesehen, als mache da einer Nägel mit Köpfen und traue sich, den wahren Nerv zu treffen, aber in Wirklichkeit schlage dieser Politiker nur wild um sich. Dieses Plakat und die Parolen darauf schlügen nun dem Fass endgültig den Boden aus. »Niemand will so einen Rowdy. Popp hat sich verrechnet. Wieso kann Popp überhaupt annehmen, jemand mit auch nur einem Funken Verstand gefällt so ein Bild? Die meisten werden sich jetzt fragen: Wie muss einer drauf sein, um sich so in Pose zu werfen? Was geht in einem Politiker vor, dass er glaubt, sich so vor uns produzieren zu müssen? Nein, Ulli Popp, das ging ziemlich daneben! Das ging endgültig zu weit.«

»Das Bad ist frei«, rief Marion, und August klappte den Laptop zu.

Nach dem Frühstück brachen sie gemeinsam auf. Die Pressekonferenz fand in einem großen Saal statt, er war bereits brechend voll. Mit Glück fand Marion weiter vorne einen freien Stuhl, August blieb mit seiner Kamera hinten stehen. Er hatte keine Lust, auf sein Foto angesprochen zu werden, aber er lag auf der Lauer, um Popp aufnehmen zu können, sobald er auf dem Podium Platz genommen hatte.

Weiter vorne sah er auch Selma sitzen, und gerade als er sich hinter seiner Kamera verstecken wollte, entdeckte ihn Flo Maus und rief laut durch den Raum: »Hallo, August! Wusste gar nicht, dass du für Popps Werbekampagne arbeitest.«

Alle drehten sich wie auf Kommando zu ihm um, und kurz wurde es still im Saal. August sah, wie auch Selma über ihre Schulter in seine Richtung blickte, doch sich schnell wieder abwandte. Flo Maus kam näher und klopfte ihm auf die Schulter. August war größer als Maus, sodass er ihn leicht auf Distanz halten konnte, doch der andere fasste ihn am Arm und meinte: »Kein Grund zur Bescheidenheit. Das Foto ist eine Wucht.«

»Es gefällt dir?«, fragte August von oben herab.

»Das Plakat ist ein Skandal. Ein Aufruf zum Pogrom! Das darf nicht sein«, schnaubte Maus. Andere im Gedränge nickten. Der Redakteur einer bürgerlich-konservativen Zeitung pflichtete ihm bei: »Das ist einfach inakzeptabel. Allein der Einfluss auf die Jugend … entsetzlich!«

In der letzten Reihe drehte sich ein Journalist um. Es war Martin Dingell, der *TOTAL*-Redakteur: »Meine Güte. Jetzt tut doch nicht so … Er hat nur ein Fass angezapft. Das ist doch kein Verbrechen …«

»Da steht: ›Schlag auf Schlag!‹«, zitierte Flo Maus den Slogan.

Jemand anders sekundierte: »Und nicht die Hetzparolen vergessen. ›Gegen die Überfremdung!‹«

Dingell winkte ab: »Es gibt aber schon noch Meinungsfreiheit in diesem Land, oder?« Ehe irgendjemand antworten konnte, war Ulli Popp erschienen. Er nahm Platz, viel Platz. Breitbeinig saß er hinter dem Tisch. Er begrüßte die anwesenden Journalisten, betonte, wie sehr er sich freue, dass so viele Medienleute da seien, was letztlich beweise, wie richtig er liege mit seinem Plakat, ja, mit dieser Plakatserie, und während er noch einmal die Schwerpunkte seiner Kampagne herunterleierte, zog einer aus Popps Entourage an einer Schnur, und hinter ihm löste sich ein weißes Tuch, fiel herab und gab den Blick auf die Wand frei und auf jenes Poster mit Augusts Foto und den nun schon bekannten Parolen. Ein Raunen ging durch die Reihen, da und dort waren einzelne Buhrufe, sogar Pfiffe zu hören.

Er wisse durchaus, dass die liberalen Eliten und die Lügenpresse in diesem Land ihm, ja, überhaupt dem Volk und den einfachen Leuten das freie Wort verbieten wollten, doch er und seine Partei stünden für die Wahrung der Rechte aller ein, denn es gelte, das Meinungsdiktat zu bekämpfen – »und zwar Schlag auf Schlag«. Irgendwer müsse ja von der importierten Kriminalität sprechen, von den Gefahren des muslimischen Antisemitismus und Terrorismus, und gegen den trete niemand so konsequent auf wie er, Ulli Popp, – sagte Popp und redete weiter vom großen Bevölkerungsaustausch, der hinterrücks im Gange sei, vom Schlepperwesen, das Teil eines großen Plans sei, und nannte in diesem Zusammenhang auch den Namen eines international berühmten, jüdischen Milliardärs, der dafür bekannt war, Initiativen, Kultureinrichtungen und Bildungsstätten zu finanzieren, und deshalb in den letzten Jahren zu einem Feindbild autoritärer

Staatsmänner geworden war. Dieser Spekulant, so Popp, fördere mit seinen Stiftungen das, was Umvolkung und Überfremdung und Flüchtlingsflut genannt werden müsse, denn es gelte, das Kind beim Namen zu nennen, bei seinem durchaus exotischen, so Popp, ja, bei den orientalischen, afrikanischen, asiatischen, sagte Popp, doch auf keinen Fall heimischen Namen – und dieses Recht auf freie Rede gelte es zu verteidigen, auch gegen jene linken Tugendterroristen, die bei seinen Veranstaltungen aufkreuzten und nicht vor Gewalt zurückschrecken würden, die alle Plakate seiner Bewegung beschmieren, herunterreißen oder gar anzünden wollten, und auch nicht vor denen, die in den Zeitungskolumnen nun nach Verboten riefen. Wenn er, so Popp, endlich etwas zu sagen hätte in diesem Staat, dann wäre Schluss mit dieser Hexenjagd, dann müsste niemand mehr diese Jagdgesellschaft fürchten, dann würde dieser selbsternannten Elite heimgeleuchtet werden. Popp – so sagte Popp, als wäre er der Pressesprecher seiner selbst – stehe für einen Staat, in dem die Polizei für Ordnung sorge. Er wolle, dass die Politik entscheide, was das Recht sei, und nicht das Recht bestimme, was der Politik gestattet sei. Er, so sagte Popp, werde mit Plebisziten der Mehrheit eine Stimme verleihen, damit die Parteien im Parlament nicht mehr am Volke vorbeiregieren könnten.

Anders als die anderen Fotografen drängte August nicht nach vorne. Er hatte keine Lust, Popp zu begegnen. Aber von hinten war zu erkennen, was die anderen, die nach vorne geströmt waren, um Popp zu fotografieren, nicht sahen. Popp sprach nicht zu den Medienleuten. Er redete nicht zu den Menschen im Saal. Er schaute in eine Kamera, auf der das Emblem seiner Bewegung zu sehen war. Was er sagte, wurde live an seine Fans übertragen. Nur an die richtete er seine Worte. Sein eigentliches Publikum saß gar nicht im Raum.

Die Journalisten waren nicht Zuschauer. Im Gegenteil. Sie waren Teil seiner Inszenierung. Sie waren die Angeklagten. Die Geschworenen saßen anderswo. Vor ihren Laptops und Handys. Popp provozierte die Journalistinnen und Journalisten zur Gaudi seiner Anhängerschaft. Er spielte über Bande, und die Bande, die Presse also, verhielt sich, wie er es vorausgesehen hatte.

Fragen wurden gestellt. Was er zu dem Vorwurf sage, dass er die Gesellschaft spalte. Ob es ihn kaltlasse, dass er Hass schüre. Ob er die Demokratie zerrütten wolle. Ob er deshalb das Parlament unaufhörlich miesmache.

Popp antwortete, indem er nicht auf die Fragen einging. Er schüttelte über die Sätze der Redakteure den Kopf. Er stellte fest, es sei typisch für die Vertreter dieser Zeitungen, solche Verdächtigungen auszusprechen. Er wolle auf diese Unterstellungen nicht eingehen. Das habe er nicht nötig. Die Wähler würden ja demnächst darüber entscheiden, wer die wahren Demokraten seien.

Selma meldete sich zu Wort. Popp schaute sie nicht an, nannte auch nicht ihren Namen, sondern nickte nur in ihre Richtung, weshalb unklar blieb, ob sie nun am Wort war oder nicht. Selma hob die Brauen, machte eine fragende Geste, unsicher, ob sie an der Reihe war.

»Ja, doch«, sagte Popp, und zu den anderen gerichtet: »Schaut, wie eingeschüchtert manche schon sind. Offenbar traut sich Selma Kaltak gar nicht mehr, aufzustehen.« Gelächter hier und dort im Raum.

»Na, ich denke nicht …«, wollte Selma widersprechen, doch Popp fiel ihr ins Wort: »Das stimmt. Sie denken nicht!«

»Wie bitte?«

»Also … Was wollen Sie wissen? Aber bitte flott. Oder fällt Ihnen nichts mehr ein?«

Manche Journalisten runzelten die Stirn, aber alle blieben ruhig. Selma nickte leicht, dann hatte sie sich gefasst: »Sie haben erst vor Kurzem bestritten, Jo Gromow zu kennen. Können Sie ausschließen, dass Sie ihn vor zwei Wochen getroffen haben?«

Popp schüttelte den Kopf. Das seien genau die Methoden einer Presse, die vor keinen Verleumdungen und Unterstellungen zurückschrecke. Wie solle er wissen, wen er im Lauf der letzten Monate und im Zuge seiner Wahlkampftournee gesehen und getroffen habe. Er könne sich doch nicht an jeden Einzelnen der Abertausenden erinnern, dem er im Gewühl vielleicht die Hand geschüttelt hatte. Er kenne keinen Gromow. Punkt. Wozu überhaupt diese Frage?

Gromow, setzte Selma nach, sei nicht irgendwer. Der Mann finanziere in vielen Ländern rechtsextreme Parteien.

Einige im Raum zuckten mit den Achseln, manche rollten die Augen, Popp schüttelte den Kopf: »Allein diese Frage … Kaum hört diese Frau, dass irgendeiner irgendetwas finanziert, denkt sie sofort an etwas Unanständiges. Keine Ahnung, auf welche persönlichen – um nicht zu sagen, intimen – Erfahrungen Frau Kaltak da zurückgreift. Ich schwöre, ich habe damit nichts zu tun. Zum Glück.« Einige kicherten. Selma blieb stehen. Sie setzte sich nicht. Sie starrte Popp an, doch der tat, als bemerke er das gar nicht, und schaute in die andere Richtung, nickte dem nächsten Journalisten zu.

Selmas Wortmeldung ging unter. Wovon sie begonnen hatte, wirkte plötzlich unangebracht und nebensächlich, zumal die folgende Frage die meisten im Raum viel mehr zu interessieren schien. »Das Foto, das Sie mit einem Hammer zeigt, ist doch von August Becker. Wie sind Sie eigentlich an das Bild gekommen?«

Popp lächelte und antwortete: »Lassen Sie mich in aller Deutlichkeit sagen: Ich bin froh, diese Arbeit erstanden zu haben, und August Becker kann, so denke ich, auch mehr als zufrieden sein. Nicht wahr?« August ließ die Kamera sinken. Ihm war, als ruhten alle Blicke im Raum auf ihm, aber keiner sagte ein Wort.

Später, Popp war längst verschwunden, passte er Selma im Vorraum ab. Sie wollte an ihm vorbeigehen, aber er stellte sich ihr in den Weg. Sie hob die Brauen, blickte ihn kalt an. »Ich kann es erklären«, sagte er leise und versuchte sie am Arm zu fassen.

Aber Selma wich ihm aus und sprach so laut, dass es alle um sie herum hören konnten, voller Hohn und Häme in der Stimme: »Das ist nicht notwendig … Ich habe alles verstanden. Endlich. Vielen Dank auch.«

»Es ist nicht so, wie du denkst …«, begann er noch einmal.

»Vergiss es«, fuhr sie ihn an.

Nie hatte sie so mit ihm geredet. Er begriff, dass sie davon überzeugt war, von ihm im Stich gelassen worden zu sein – und hatte sie nicht auch recht damit?

Marion trat dazu: »August wusste nicht, was Ulli mit dem Foto vorhatte.«

Aber Selma hob die Hände, um jede weitere Erklärung abzuwehren, und wollte sich bereits abkehren, als Flo Maus sagte: »Popp ist erledigt.«

Einige nickten zu seinen Worten. Andere schmunzelten skeptisch, doch alle hörten ihm zu. Flo Maus sagte: »August Becker hat ihn mit seiner Kamera abgeschossen. Dass Popp dieses Bild zum Wahlplakat macht, ist doch verrückt. Eine Woche vor der Wahl so eine Kampagne, das ist einfach idiotisch. Jeder Anfänger weiß das. Das ist das Einmaleins der Politik. Jetzt ist der Moment, in dem es darum geht, den Stimmenzuwachs zu sichern und den Gewinn ruhig nach Hause zu fahren. Wer jetzt überreizt, verschreckt die Unentschlossenen und motiviert nur die Gegner, zu den Wahlurnen zu gehen.«

»Genau«, rief Marion.

»Ja«, raunte Flo Maus und lächelte dabei abgeklärt, »das ist alles total grenzwertig. Aber wer ist immer so grenzwertig? Na? Wer denn? Erraten! Unser Ulli ist grenzwertig. Und wer hat keine Skrupel? Wer scheißt auf alle Regeln, auf alle Ethik, auf die politische Correctness? Bingo! Unser Ulli. Er ist die politologische Grundeinheit zur Bemessung der Persönlichkeitsstörung. Mehr noch, er ist als Persönlichkeit die Störung schlechthin. Das war und das ist sein Geschäftsmodell.«

»Ich hatte keine Ahnung«, murmelte August.

»Unsinn! Stell dich nicht dümmer, als du bist. Schau doch dein eigenes Bild an«, sagte Selma, »schau, wie irre er uns anstarrt, während er den Hammer schwingt.«

»Nein«, widersprach Flo Maus, »August durchschaut nicht, was seine Kamera durchblickt. Das ist ja die Grundlage seiner Kunst. August hat geglaubt, Popp werde sich über das Foto ärgern. Er konnte sich nicht vorstellen, dass der aber stolz darauf ist, was August an ihm so grausig findet. August steht auf der einen Seite der Schlucht und will Popp, der auf der anderen Seite steht, ärgern, indem er ihm zuruft: ›Spring doch! Na, spring!‹ Er ging davon aus, dass Popp es nicht tun wird, aber der nimmt einfach Anlauf, und hopp – jetzt stürzt er in den Abgrund.« Und während Flo Maus sich bereits abwandte, sagte er noch: »Popp sackt ab, und du, August, hast ihn erledigt. Alle Achtung!«

»Das wird deinen Kunden allerdings gar nicht freuen, nicht wahr?«, rief Selma ihm hinterher.

Flo Maus drehte sich noch einmal nach ihr um.

»Du machst doch den Medienberater für Gromow.«

Maus schüttelte den Kopf: »Ich bin einer von vielen. Na und? Die liebe Selma hat sich da in etwas verrannt. Ich verstehe es ja. Die Welt ist voller Kriegsverbrecher und Massenmörder, nicht wahr? Das muss alles sehr schlimm gewesen sein damals, oder? Aber zum Glück ist es hier nicht so, Selma. Gromow ist eben nur ein Geschäftsmann wie viele andere. Alle Verfahren gegen ihn sind im Sand verlaufen. Es gibt überhaupt keinen Grund, mit ihm nichts zu tun haben zu wollen. Irgendwo im Osten soll er in schiefe Machenschaften verstrickt gewesen sein, aber die ganze Welt weiß, dass es gar nicht möglich war, dort etwas auf die Beine zu stellen, ohne sich mit denen gutzustellen, die wirklich das Sagen haben. Das ist doch auch nicht schlimmer als das, was alle damals gemacht haben. – Aber wenn schon: Nehmen wir für einen Moment an, er wäre ein Krimineller. Jeder Angeklagte, jeder Schwerverbrecher, jeder Serienmörder und Kinderschänder hat ein Recht auf einen Verteidiger. Ich habe Gromow meine Dienste angeboten. Nicht vor Gericht, sondern in der Öffentlichkeit. Das ist ja wohl nicht verboten, nicht wahr? Politisch habe ich mit ihm nichts zu tun.«

August wagte es nicht, Selma noch einmal anzusprechen. Er fühlte sich schuldig, aber bedauerte er auch, was er getan hatte? Es war schließlich um die Studiengebühren seines Sohnes gegangen. Er war davon ausgegangen, dass Ulli Popp vor seinem Spiegelbild zurückschrecken würde, aber anders als im Mythos war der nicht vor Entsetzen über sich selbst zersprungen oder versteinert.

Nach der Pressekonferenz brach Marion in die Redaktion auf. Todmüde sei sie, sagte sie und wirkte resigniert und erschöpft. Sie drückte August einen Kuss auf, ehe sie verschwand. Er fuhr nach Hause und setzte sich an den Schreibtisch, um die Bilder, die er auf der Pressekonferenz geschossen hatte, zu bearbeiten. Die Aufnahme, auf der Popp vorne am Podium verschwommen zu sehen war, doch scharf in den Monitoren der Filmkameras vor ihm, gefiel ihm gut. Er schickte die Dateien ab.

Danach streifte er wieder durchs Internet und suchte nach Neuigkeiten. Auf Twitter wurde über Popps Plakat diskutiert. Popp selbst, so zeigte es die Uhrzeit neben seinen Nachrichten, hatte die halbe Nacht gepostet. *@voxpoppulli: Gestern Islamistenkonferenz in unserer Stadt. Gegen den Islam-Terror: Schlag auf Schlag!* Darunter das Plakat. Um 3.50 Uhr hatte er getwittert: *@voxpoppulli: Eben erreicht mich die Meldung: Unsere neuen Plakate werden teils abgerissen. Die Verbrechen der Antifa werden immer gefährlicher. Damit werden wir aufräumen. Schlag auf Schlag!*

Darunter Kommentare, die noch deutlicher wurden, wie der von *@1mal=keinmal: Lasst uns mal wieder den Gashahn aufdrehen. Dann wäre schnell Schluss mit diesem Muselgeschmeiß.*

Aber die meisten Tweets protestierten gegen das Plakat und die darauf gedruckten Parolen. Von Nazidiktion war die Rede. Die Empörung war groß, und besonders viele Likes erhielt *@pullmann: Die Sprache der Gewalt darf nicht siegen. Ulli Popp ist eine Gefahr. Er darf damit nicht durchkommen.*

Darunter meinte *@kamikatze: Ulli Popp greift nach der Republik; er vergreift sich an ihr.*

Dem widersprach *@hinzundkunz: Hört auf, euch über*

Ulli Popp so aufzuregen. Er lebt von eurem Protest. Ihr macht ihn groß. Ihr seid schuld, wenn er gewinnt.

August las alle Kommentare. Waren das überhaupt reale Menschen? Verbarg sich hinter diesen Pseudonymen nicht unter Umständen ein und dieselbe Person? War die ganze Unterhaltung hier vielleicht nur ein Kostümfest und Spiegelfechterei?

Die Fotos von Popp, die er ins Netz gestellt hatte, waren mit vielen Herzchen bedacht worden. Darunter zahlreiche verbale Attacken gegen Popp, die meisten richteten sich gegen das neue Plakat. Aber niemand griff August an. Der habe Popp ins rechte Licht gerückt, meinten einige. August Becker habe Ulli Popp enttarnt, so sah es auch *@leuchtkäfer: Solche Aufnahmen kann nur machen, wer einem nah kommt. Ulli Popp ist auf Becker hereingefallen. Jetzt ist der Strahlemann der Gelackmeierte.*

Einige wenige verteidigten Popp und schrieben, wie lächerlich es doch sei, *sich so aufzuregen, weil einer einfach nur ein Fass ansticht.*

Aber ob sie nun gegen Popp Stellung bezogen oder ihm applaudierten, in beiden Gruppen gab es nicht wenige, denen die Aufnahmen gefielen. Ein Name fiel ihm immer wieder auf, *@max3er.* War das vielleicht Max Dreier, sein alter Schulfreund, den er lange schon aus den Augen verloren hatte? Er ging auf dessen Account. *Humanbiologe* stand da, das musste sein Jugendfreund ein.

Er rief den Fotoredakteur an. Wie die Planung für die nächsten Tage sei. Nein, meinte Kevin, derzeit habe er keine Aufträge für ihn. Irgendetwas Unausgesprochenes schwang in seiner Stimme mit.

»Gar nichts?«, fragte August, »auch nicht in den nächsten Tagen?«

Nein, wiederholte Kevin, derzeit nicht. August stockte kurz. Noch einmal nachzuhaken schien ihm unklug, aber war es nicht merkwürdig, dass ihm eine Woche vor der Wahl kein einziger Auftrag angeboten wurde? Konnte es sein – er wagte kaum daran zu denken –, dass das *Forum* ihn abgeschrieben hatte? Oder bildete er sich das nur ein? Womöglich war es auch viel banaler, vielleicht brauchte es gar keinen Entschluss, ihn von der Jobliste zu streichen, so etwas geschah zuweilen unausgesprochen, beinah unbewusst. Zumindest uneingestanden. War er nun als Popps Mann abgestempelt?

Andererseits war seine Einstellung in der Redaktion bekannt. Wie oft hatte Bruno ihm vorgeworfen, seinen politischen Standpunkt in seinen Fotos viel zu deutlich zu machen. Und hatte Selma nicht gerade deswegen immer nur mit ihm arbeiten wollen?

»Die Fotos von der Pressekonferenz sind doch gut geworden, oder?«, versuchte er es noch einmal.

»Ja«, antwortete Kevin, aber es klang wie ein Seufzen. »Aber wir werden sie diesmal leider nicht nehmen.«

»So?«

»Ich rufe dich an, wenn wir etwas für dich haben.«

»Okay.« Aber ehe er auflegte, wagte August doch noch einen Vorstoß: »Alles nur, weil Popp mein Foto verwendet hat? Ich arbeite nicht für ihn. Ich bin nicht Willi Scheine, dessen Werbefoto ihr auf euer Cover gestellt habt.«

»August, ich bitte dich. Mach dich nicht lächerlich. Wir haben jetzt einfach keinen Job für dich. Ich verdächtige dich sicher nicht, Popp zu wählen. Aber so kurz vor der Wahl würde es schon komisch ausschauen, wenn wir deine Bilder drucken, während dein Foto als Plakat im ganzen Land hängt. Da könnten manche glauben, wir arbeiten auch schon für Ulli. Und übrigens: Wenn überhaupt, würde ich dir vorwerfen, zu sehr gegen ihn zu sein. Dein Hass macht dich ja blind.«

»Du meinst also, nicht Popp, sondern ich bin voller Hass?«

»Ja, genau das ist es, August, genau das ist es, was mir an Selma und auch an dir so auf die Nerven geht! Diese dauernde Selbstgerechtigkeit! Sogar jetzt noch, während deine Bilder von Popp im ganzen Land hängen. Das ist so unerträglich. Immer nur der Herr Gut sein zu wollen. Wenn einer einmal darauf hinweist, dass unter den Flüchtlingen womöglich tatsächlich auch Terroristen sein könnten, dass die jahrelange Migrationspolitik verfehlt war, dass Multikulti gescheitert ist, dass dieser Genderwahn und der Quotenirrsinn komplett jenseits sind, dann ist er gleich ein Faschist.«

»Ich habe dich nie einen Faschisten genannt …«

»Jetzt tu doch nicht so! Kaum sagt man einmal ein positives Wort über Ulli! Und wehe, ich sage, es sei nicht alles falsch, was er behauptet, und dass der politische Islam eine Gefahr ist … ach, was red ich … es braucht einem nur eine der vielen Freundinnen vom Ulli zu gefallen … und schon wird gesagt, du, Kevin, bist ja auch so ein Neonarzist.«

»Hör mal, das war doch nur ein Witz damals, weil du halt auf einer dieser Partys aufgetaucht bist …«

»Genau. Ein Witz. ›Kevin, der Neonarzist.‹ Das war dein Spruch. ›Kevin is part of Popp's party.‹ Sehr lustig! Weißt du was? Lass es einfach gut sein.« Damit legte der Fotoredakteur auf.

Vielleicht war es doch keine Paranoia. Die Zeitung, der er über all die Jahre verbunden gewesen war und an die er geglaubt hatte, wandte sich von ihm ab. Oder bildete er sich doch alles nur ein? Kevin war nie sein Freund gewesen. Immer hatte er ihn, August, darum beneidet, dass er seiner Fotos wegen bekannt, ja berühmt war, während Kevin nur eine Redakteursstelle innehatte. Kevin konnte seine Macht ausspielen, aber niemand redete von seinen Bildern oder hätte je daran gedacht, sie an die Wand zu hängen.

Immer hatte es in der Redaktion auch solche gegeben, die Selma und ihm nicht über den Weg trauten. Selma und August galten als die Gutmenschen und somit in Wahrheit als gar nicht so gute Menschen, weil sie im Verdacht standen, etwas Besseres sein zu wollen, während sich diejenigen, die sie als Gutmenschen beschimpften, dabei besonders großartig fühlen konnten, weil sie eben keine guten Menschen sein wollten. Jetzt konnte anscheinend zur Hatz auf August geblasen werden. Darauf hatten manche schon lange gewartet. Solange Bruno ihn unterstützt und Selma ihn allen anderen Fotografen vorgezogen hatte, war er unangreifbar gewesen. Aber nicht alle mochten seine Bilder. Seine Perspektive entsprach in ihren Augen nicht mehr den neuesten Anschauungen, seine kritische Sichtweise war aus der Zeit gefallen.

Dass Selma ihn nun hasste, war das Schlimmste an der Situation. Das quälte ihn mehr als die Angst um seine Zukunft als Fotograf. Und konnte er ihren Hass nicht verstehen? Hatte sie nicht recht damit, ihm böse zu sein? Sich von ihm verraten zu fühlen?

August stellte einen Topf mit Reis auf den Herd, öffnete eine Dose Thunfisch, schnitt Gurken, Tomaten und eine Zwiebel klein und wollte eben alles in einer Schüssel anrichten, als es an der Tür läutete. Er ging ins Vorzimmer und schaute durch den Spion. Tims Gestalt wirkte verzerrt.

Er öffnete und ließ ihn herein. »Ich wollte gerade eine Kleinigkeit essen. Möchtest du auch etwas?«

August ging in die Küche, und Tim folgte ihm, doch er

setzte sich nicht an den Tisch, sondern lehnte sich mit verschränkten Armen an die Spüle.

»Das ist doch nicht dein Foto, oder? Das auf dem Plakat von dem Popp …«

August stellte die Flasche mit dem Olivenöl wieder ab, die er gerade hatte aufschrauben wollen.

»Also ist es doch dein Bild. Ich Idiot! Ich wollte es nicht glauben! Warum hast du das getan? Nur fürs Geld?«

Was sollte er seinem Sohn jetzt antworten? Er konnte ihm doch nicht sagen, warum er in diese Situation geraten war. Das wäre ihm zu billig gewesen.

Aber Tim wartete gar nicht auf eine Antwort. Er war gekommen, um ihn anzuklagen. Er hatte seine Frage nur gestellt, um August in Frage zu stellen. Er habe es immer gewusst, redete Tim weiter. Augusts Fotos gehörten nicht in die Zeitung. Sie könnten, so Tim, in Galerien hängen. August wisse gar nicht, wie stolz er früher gewesen sei, wenn er in den Wohnungen von Freunden und Freundinnen die Aufnahmen seines Vaters entdeckt hatte. Er, so Tim, habe immer zu ihm aufgeschaut und war überzeugt gewesen, dass er noch viel mehr Anerkennung verdiene. Aber das sei jetzt endgültig vorbei, sagte Tim. August sei wie eine jener vergilbten Ausgaben der Zeitschriften, die in Wahrheit auch keinen Menschen mehr interessierten. August sei hängen geblieben wie eine alte Schallplatte. Er habe das Internet verschlafen. August Becker, ein Fotograf in Dornröschens Schlossgarten, der immer noch darauf warte, von einer Prinzessin wachgeküsst zu werden. Aber da werde keine mehr daherkommen. Keine Frau halte es aus, wie er von einem Foto zum nächsten auf der Lauer liege. Wie er immer nur den Augenblick festhalten wolle, während das Leben wie im Flug vergehe. Wie er dabei keinen Moment lang hinter seiner Kamera hervorkomme. Nur deshalb habe sich Ella von ihm getrennt, sie habe noch rechtzeitig den Absprung geschafft. Seine Frau sei neben ihm beinah zugrunde gegangen, und er habe das nicht einmal bemerkt. Ob er denn glaube, irgendeine andere werde bei ihm bleiben, wenn er nicht aufhöre, alles durch die Linse zu sehen statt mit klarem Blick. Ob er denke, Marion werde ihn nicht auch wieder verlassen? Tim sagte: »Du hast einmal ein Ziel vor Augen gehabt. Aber das gibt es nicht mehr.« August sei wie ein Kapitän – unterwegs zu einem Land, das längst im Nichts versinke. Alle wüssten das, sagte Tim. Alle schüttelten den Kopf, wenn sie sahen, wie er daherkomme auf seiner Rosinante. Lächerlich! »›Da ist August‹, sagen sie, ›da kommt dein Vater‹, sagen sie – und dabei meinen sie: ›Schau nur, da ist er, ein alter weißer Mann, der den Anschluss verloren hat.‹ Du bist ein verloschener Stern, Vater.«

Hatte der Bub, dachte August, gerade Vater gesagt und nicht Papa wie sonst?

Seit Jahren versuche er ernsthaft mit ihm zu reden, aber August höre ihm nie zu, sondern mache nur Fotos davon, wie sein Sohn rede, ohne zu verstehen, was der meine. »Du siehst mich nur durchs Glas. Als wäre ich ein bunter Südseefisch im Aquarium, der den Mund auf und zu macht, während du ihn knipst.« Es gebe so viele spannende Projekte in den neuen digitalen Medien, unermessliche Möglichkeiten, warum sie nicht nützen? Weshalb die Zeichen der Zeit nicht erkennen?

August schwieg. Er verteilte den Salat auf zwei Teller und stellte sie auf den Tisch. Er füllte den Wasserkrug auf und zeigte auf einen Stuhl, als Aufforderung, dass der Bub endlich Platz nehmen solle, doch Tim blieb stehen.

Er habe immer bewundert, was August gemacht habe, so Tim. Seine Porträts – das sei es, was die Leute von ihm erwarteten. Das sei es, was sie an August Becker schätzten. »Aber wozu das Ganze, wenn es so endet? Wenn daraus ein Plakat für einen Populisten, einen Rechtsradikalen wird. Warum dann all die Mühe?«

»Setz dich doch endlich, Tim.«

»Verdammt nochmal, ich bin nicht hungrig!« Wozu ein Foto, redete Tim weiter, wenn es nicht die Augen öffnete? Warum überhaupt eine Kamera in die Hand nehmen und ein ganzes Leben lang allen in der Familie auf die Nerven gehen mit dem Geknipse, wenn er sich am Ende dann doch ausgerechnet an Popp verkaufe. »Wozu das Ganze, wenn zum Schluss so ein Plakat herauskommt?«

August versuchte, endlich zu Wort zu kommen, zu erklären, wie es geschehen war. Er sagte: »Tim, hör mir zu, ich dachte, hier, dieses Schreckbild von dir, das kannst du haben. Das ist dein wahres Gesicht! Verstehst du? Ich hatte doch keine Ahnung …«

»Aber es ist ja nicht nur dieses eine Foto, Vater. Alle diese Porträts für die Titelseiten deiner blöden Zeitschrift sind doch letztlich nichts als Reklametafeln für solche Gestalten. Siehst du das nicht? Du hast uns immer erzählt, du möchtest Fotos machen, die erhellen, die aufklären. Wegen deiner Besessenheit mussten wir alle zurückstecken. Du hattest ja nie einfach nur einen Beruf. Du hattest einen höheren Auftrag! Alles andere ist ja für dich nichts! Was ich machen will, ist für dich letztklassig.«

August schüttelte den Kopf. »Nichts, was du machst, ist für mich wertlos. Ich begreife zwar nicht, was dich daran interessiert, aber …«

Tim winkte ab: »Lass es einfach gut sein … Du kapierst einfach nichts und machst es mit jedem Wort nur noch schlimmer.«

»Mach bitte jetzt nichts Unüberlegtes«, sagte August. »Sei nicht dumm und stolz. Das Studium jetzt aus Trotz nicht anzutreten wäre vollkommen sinnlos.«

Tim schaute ihn entgeistert an: »Nein, mach dir keine Sorgen – und mach dir auch keine Hoffnungen. Ich weiß genau, was ich will. Ich werde auf diese Uni gehen. Das ist mein Weg. So werde ich den Ulli Popps dieser Welt eins auswischen, verstehst du?«

Endlich setzte sich Tim an den Tisch. August rückte den Thunfischsalat näher zu ihm hin. Tim nahm eine Gabel voll, kaute und holte dann noch einmal tief Luft: »Ich will mir nicht nur Bilder machen von dieser Welt. Ich will sie mitgestalten. Ich will nicht nur festhalten, wer ein Ulli Popp ist. Ich will ihm etwas entgegensetzen. Dein ganzer Horizont ist dieser kleine Sucher im Apparat. Deine Welt passt in eine Kamera, aber wir können uns das nicht mehr leisten. Wir erleben jetzt die Katastrophe, vor der ihr uns früher immer gewarnt habt. Euer Supergau liegt hinter uns. Für euch war die Erderwärmung nur ein ferner Albtraum. Wir werden das erleben. Für euch waren das Horrorszenarien, um eure Eltern das Fürchten zu lehren. Letztlich machst du ja immer noch solche Schreckensbilder. Glaubst du wirklich, es hilft?«

»Schmeckt dir der Thunfischsalat?«, fragte August.

»Nein«, sagte Tim und aß weiter.

Die letzten Tage vor der Wahl. Das Land war eine Waschmaschine im Schleudergang. Ihre Trommel drehte sich immer schneller. Ihr Bullauge war das Fernsehen. Die Kandidaten wirbelten aneinander vorbei, umeinander herum, meistens stand Popp im Zentrum der Aufmerksamkeit. Ein Auftritt nach dem anderen. Unzählige Diskussionsrunden. Ein Minister trat trotz Korruptionsvorwürfen nicht zurück. Tags darauf wurden am Stadtrand eine Zelle von Dschihadisten und ihr Waffenlager mit Plänen für einen Anschlag ausgehoben. Popp forderte Konsequenzen. Schlag auf Schlag. Keine vierundzwanzig Stunden später klebten auf Popps Plakaten die Gesichter bärtiger, bedrohlich aussehender Männer, und zwar so, dass sein Hammer auf sie einzudreschen schien.

Marion war im Dauereinsatz, während er in diesen Tagen keinen einzigen Auftrag erhalten hatte. Ihm war, als lebe er in einer Quarantänestation. Er war zum Aussätzigen geworden. Er trieb durchs Internet, verlor sich in den sozialen Medien, als er von *@max3er* eine Nachricht erhielt.

@max3er: Lieber August, ich sehe gerade, dass Du mir folgst. Ich glaube, wir werden wechselseitig an den Positionen des anderen keine Freude haben. Unterschiedliche Kontinente. Nichtsdestoweniger Dir und Deiner Familie herzliche Grüße und alles Gute!

August freute sich, von seinem Jugendfreund Max zu hören. Er antwortete.

@aug_gusto: Lieber Max, wir müssen nicht eine Meinung teilen. Wir haben die Schulbank geteilt. Das kann genügen. Auch Dir und den Deinen herzliche Grüße!

Max wiederum schickte ein Blumenstrauß-Emoji zurück, und August fühlte sich plötzlich besonnen und abgeklärt, als lägen die Zeiten, in denen er mit allen zu jedem Thema eine Grundsatzdiskussion führen musste, für immer hinter ihm. Er wollte jetzt gelassen sein. Es war möglich, unterschiedliche Standpunkte zuzulassen. Max war einst Mitglied in einer linken Schülerorganisation gewesen, ein glühender Brecht-Fan, an Lyrik und Theater interessiert, ein Freigeist aus einer gutbürgerlichen, konservativen Familie, gegen die der Sohn mit marxistischer Terminologie und dramatischen Gesten rebellierte. Ein echter Revoluzzer oder Marxist war Max nie gewesen, doch ein Rebell umso mehr. August hatte Max auch noch Jahre später ein paar Mal bei Klassentreffen gesehen. Sie waren beide älter, gemäßigter, also liberaler geworden. Eine gewisse Altersmilde wohl. Man freute sich, mit den anderen aus der ehemaligen gemeinsamen Klasse zu reden, auch mit jenen, die man früher eher gemieden, auf die man herabgeschaut hatte. Sich nach Jahren einen Abend lang zu sehen, ohne sich wirklich mit dem anderen auseinandersetzen zu müssen, bot die Chance, einen neuen Blick aufeinander zu werfen, einen großzügigeren und weitherzigeren, da nicht genauer nachgefragt werden musste, welche politischen Ansichten die eine oder der andere teilte. Es ging vor allem um die Kinder, um die Eltern, die aktuellen oder ehemaligen Partner, Fotos wurden gezeigt. Wer von den Lehrern war schon in Pension? Wer von ihnen war verstorben? Habt ihr von Annas Unfall gehört? Und von Siegfried, der einst so wahnsinnig konservativ war, bis er sich endlich eingestanden hatte, schwul zu sein – was alle seine Einstellungen veränderte.

Er wollte eben auf den Account von Max schauen, um zu sehen, welche Meinungen er teilte, als sein Telefon läutete. Selma rief an. Er hob sofort ab.

Selma hielt sich nicht lange mit Begrüßungsfloskeln auf: »Tim hat mich angerufen und mir alles erzählt … wie es zu dem Plakat gekommen ist. Auch von den Studiengebühren. Danach habe ich mit Marion gesprochen. Sie hat mir alles bestätigt.«

»Es tut mir so leid, Selma. Ich war ein Idiot.«

»Nein, du bist ein Idiot. Du bist es immer schon gewesen, und du wirst es immer bleiben.«

»Du hast vollkommen recht«, sagte August, »ich danke dir so sehr, dass du dich bei mir meldest.«

»Mach dir bitte keine falschen Hoffnungen.«

»Okay … verstehe.«

Sie wolle ihm bloß mitteilen, verstanden zu haben, was geschehen sei. Anders als andere halte sie ihn nicht für einen Überläufer. Er brauche ihr auch nichts mehr zu erklären. Er sei ein einzigartiger Fotograf. Das Bild, das er von Popp vor dem Fass geschossen habe, spiegele alles wider, was der Mann darstelle. Deswegen sei sie davon begeistert gewesen, doch genau deshalb habe es auch Popp selbst so gemocht. Sie sei ihm nicht einmal böse, sagte Selma, sie sei nur enttäuscht. Im Grunde könne sie sich nur selbst nicht verzeihen, sich in ihm geirrt zu haben. Er habe sich eben für seinen Sohn und dessen Zukunft entschieden und damit gegen sie. Das könne sie ihm schwer vorwerfen. Aber er habe all das preisgegeben, wofür er gestanden sei. Er habe sein eigenes Bild verraten und alles zerstört. Ob August das nicht begreife? Die Gegner in der Redaktion würden ihn nun einen Heuchler und doppelzüngig nennen. Er habe eben auch nur seinen Preis, meinten sie. Und sie hätten damit auch gar nicht so unrecht, oder? Aber es sei noch schlimmer. Nicht nur er, sondern alle, die eine klare Linie gegen Popp und die Seinen vertreten hatten, stünden jetzt unter Verdacht, genauso verlogen zu sein. Sogar jene jüngeren Kolleginnen und Kollegen, die immer zu ihm aufgesehen hätten, würden ihn nicht mehr verteidigen, sondern teilweise noch heftiger über ihn herziehen als alle anderen. Sie persönlich, sagte Selma, fände diese Reaktion abstoßend, glaube aber, dass derlei Verhalten die Rechtsrechten von den sogenannten Rechtschaffenen unterscheide. Diejenigen, die aus ganzer Überzeugung gegen Ungerechtigkeiten kämpften, konnten gegenüber der gegnerischen Seite zumeist mehr Milde walten lassen als gegenüber der eigenen, denn von den ideologischen Feinden würden sie ohnehin kaum etwas erwarten. Aber der Abweichler in den eigenen Reihen werde umso entschlossener bekämpft. Auf jeden Fall wolle derzeit niemand aus der Redaktion mit ihm arbeiten. Zumindest nicht in diesen letzten Tagen vor der Wahl, in denen sein Plakat – ja, Selma sagte »sein Plakat« – in allen Straßen des Landes affichiert sei. Wenn sie nun seine Fotos im *Forum* veröffentlichten, brächte das die Zeitschrift in Verruf. Vielleicht würde sich das in wenigen Wochen wieder ändern, doch derzeit sehe sie da keine Chance. Sie persönlich habe zurzeit auch keinen Job für ihn, da sie gerade für eine Reportage über Gromow und über dessen politische Verstrickungen bis hin zu Popps Bewegung recherchiere. Da gäbe es nichts für August zu tun. Ihr Mitleid halte sich allerdings in Grenzen, sagte Selma, denn sie sei sicher, August könne sich nun vor Aufträgen nicht retten. Schließlich hätten nicht alle solche Skrupel wie das *Forum*. Manche wären vom Plakat sicher ganz hingerissen … Da böte sich eine ganze Palette an Klienten an.

August schwieg. »Nein«, sagte er schließlich, »du weißt doch, wie dieses Geschäft funktioniert. Die haben nicht alle auf mich gewartet. Und sie wissen ja auch noch nicht, dass ihr mich geschasst habt.«

»Geschasst? Jetzt übertreib doch nicht. Außerdem sind wir nicht die einzige Zeitung auf der Welt.« Sie zählte ein paar Namen auf, und als sie die *TOTAL* erwähnte und hinzufügte, bestimmt könne er dort für Marion fotografieren, sagte August: »Es reicht, Selma. Besser, wir brechen das Gespräch jetzt ab.«

Um sich abzulenken, setzte er sich wieder an den Schreibtisch und wollte ein paar alte Fotos bearbeiten, doch stieß er zunächst wieder auf die letzte Nachricht von Max Dreier. Er sah sich Max' Account genauer an, las dessen Kommentare und Posts durch und erschrak. Max, sein früherer Freund, teilte rassistische Karikaturen im Stürmerstil und neonazistische Inhalte, in denen zum Kampf gegen alles Fremde aufgerufen wurde. *@max3er: Der National-Sozialismus war im Grunde auch nur eine linke Bewegung. #linke_zecken.* Darunter der Link zu einem Artikel aus einem einschlägigen Online-Medium.

Dann noch einmal *@max3er: die Rasse hat nicht nur in Bezug auf das Äußere von Menschen Bedeutung, sondern auch für die Intelligenz und die Seele.*

Kurz überlegte August, Max nicht mehr zu folgen. Aber dann schreckte er davor zurück. Was, um Himmels willen, war mit dem ehemals linken Schüler und Studenten geschehen? Am liebsten hätte er ihm eine private Nachricht geschrieben und ihn gefragt, wann und aus welchem Anlass er zum Nazi mutiert war. Aber auch das ließ er bleiben.

Als er später Marion von Max und dessen Verwandlung erzählte, schüttelte sie nur den Kopf. »Er ist doch kein Einzelfall, sondern nur einer von vielen. Vor zwanzig Jahren standen Leute wie er noch in einer der Lichterketten beisammen, jetzt schimpfen sie auf Flüchtlinge und die vermeintlichen Gutmenschen. Aber Max ist unwichtig. – Schau doch!«, und sie zeigte ihm auf ihrem Smartphone die letzte Umfrage vor der Wahl, »Popp verliert auf ganzer Linie! Nur wegen deines Plakats. Er hat sich verrechnet«, sagte sie und küsste ihn.

Tatsächlich waren sich alle Kommentatoren darin einig, dass es für Popp und seine Partei eine bittere Niederlage setzen würde, weshalb Marion am Wahltag August überredete, die ersten Hochrechnungen und Popps Absturz nicht vor dem Fernseher zu verfolgen, sondern sie in jenes Festzelt zu begleiten, in dem sich Popps Anhänger am Wahlabend versammeln würden. Und so standen sie dann, Marion und August, inmitten der grölenden Menge in einem riesigen Zelt, als die ersten Ergebnisse bekannt gegeben wurden, und fassungslos sahen sie zu, wie Popps Stimmenturm auf dem riesigen Bildschirm wuchs und wuchs. Seine Bewegung landete knapp hinter der Regierungspartei an zweiter Stelle. Das Jubeln der Anhänger und Parteifreunde. Der Siegesgesang: »Ullí Ullí Ullí Ullíi – Úlli Úlli – Ulli Popp.«

Stumm sahen einander die Journalisten an den Stehtischen an, und ein Kommentator aus dem Studio des staatlichen Fernsehens sprach laut aus, was sich alle hier dachten, er sei von diesem Erdrutsch vollkommen überrollt worden. Bei diesen Worten johlten Popps Anhänger, und einer schrie: »Das ist das Ende der Lügenpresse«, und ein anderer grölte: »Guten Morgen! Endlich aufgewacht!« Ein Kollege von *TOTAL* stellte sein Bierglas neben Marion ab und meinte, die eigene Blase habe eben nicht auf die einfachen Leute gehört. Abgehoben seien sie gewesen.

August hatte genug, er wolle jetzt gehen, sagte er. »Ich muss noch bleiben«, meinte Marion. Ob er nicht den Moment nutzen wolle, um ein paar Fotos zu machen. August schüttelte erst den Kopf, ihm war übel geworden und der Boden unter seinen Füßen gab nach, doch dann ging er doch mit der Kamera in der Hand los, um Popps Fans in ihrem Überschwang einzufangen. Plötzlich hörte er seinen Namen. Einer von Popps Leuten brüllte: »Becker! August! Von dir ist die Rede! Bravo!« Der Mann zeigte auf den großen Bildschirm, wo ein Politikberater und ein Demograf gerade gefragt wurden, wie sie sich Popps Erfolg erklärten, und beide waren sich darin einig, dass es die Schonungslosigkeit und

Bestimmtheit der Kampagne gewesen sei, insbesondere jene Plakatserie der letzten Woche, diese Entschlossenheit, doch auch die Empörung der Gegner und der etablierten Kräfte, die zum einen die Basis, aber viele Unentschlossene im letzten Moment mobilisiert habe. Ja, sagte der Demograf, dieses Hammerbild habe den Ausschlag gegeben, und der Politikberater stimmte ihm zu, und während sie so sprachen, patschte ihm jener Parteifreund von Popp, der ihn vorhin in der Menge erkannt hatte, voller Anerkennung mehrfach auf den Rücken – Schlag auf Schlag.

9 Als er nach Hause kam, war es fast schon Mitternacht. Er schaltete den Fernseher ein, und immer noch lief eine Sondersendung zur Wahl. Im Studio eine reine Männerrunde, Beobachter, Journalisten, Politikberater. Immer wieder Einspielungen aus den Parteizentralen. Siegestaumel bei den Gewinnern. Einsilbig die Geschlagenen. Nichts war mehr wie noch vor wenigen Stunden. Mit Popp war nun zu rechnen. Schon setzten manche auf eine Koalition mit seiner Bewegung. Ein Vertreter jener Partei der Mitte, die konservativ genannt werden wollte, gab sich plötzlich revolutionär, denn er, der gestern noch gesagt hatte, mit Popp sei keine Zusammenarbeit möglich, war nun offen für alles, bereit, die ideellen Werte seiner christlich-bürgerlichen Fraktion zu verkaufen, um ihre materiellen zu sichern.

August ging zum Schreibtisch, die Sendung ließ er im Hintergrund weiterlaufen. Er klickte die Netzwerke an, und tatsächlich stand sein Foto und die Plakatserie im Zentrum der Debatte. Da meinte etwa *@radical_chick: Mit diesem Foto hat @aug_gusto zu Popps Wahlsieg beigetragen. So viel zur liberalen Presse …*

Darauf *@quick4slick: Aber er ist ja so kritisch. LOL. (Ironie off!!!) Diese ganze Journaille macht zuerst mit Horrordarstellungen von Ulli ihren Reibach und pusht ihn dann zum Wahlsieg, um noch mehr Schauergeschichten bringen zu können und die Auflage noch einmal zu steigern. Die kassieren zweifach.*

Vor allem jene, die seine Arbeit bisher bewundert hatten, griffen ihn nun an, und August wiederum schmerzte jedes Wort von jenen, mit denen er sich auf einer Seite glaubte, viel mehr, als ihn die Beschimpfungen seiner Gegner hätten treffen können. Aber diesmal bekam er Unterstützung von unerwarteter Seite. *@max3er: August Becker ist vor allem eines: ein guter Fotograf und nicht einer von diesen Apparat-Schicks. Er hat eine tolle Aufnahme von Ulli gemacht, mit der er zeigt, warum Spinner wie ihr ihn hassen und das Volk ihn liebt.*

@radical_chick: Woher willst du, Faschosau, wissen, was @aug_gusto mit seiner Kamera machen will. Troll dich.

@max3er: Ich bin ein Freund von August. Seit Jahrzehnten. Der macht nicht gleich aus jedem einen Nazi. Er sieht den Menschen und nicht nur die political correctness. Deswegen kann er so ein Foto machen.

@quick4slick: Traut nicht dem Nazitroll. Max Dreier hält in rechtsrechten Kreisen Vorträge über das vorgebliche Intelligenz-Gen und die vererbte Dummheit von Migrantenkindern. Titel: »Sieg im Wochenbett?« Bei aller Kritik an August Becker – mit Dreier hat der nichts zu tun.

@max3er: Ihr würdet euch wundern, wenn ihr wüsstet, wie gut ich August kenne und er mich.

August spürte, wie ihm heiß wurde. Er hatte keine Ahnung gehabt, dass Max als Humanbiologe offenbar zu einem Sprachrohr der Rechtsextremen verkommen war. Was, wenn Max nun die persönlichen Nachrichten postete, die sie ausgetauscht hatten? Er überlegte kurz, Max zu blockieren. Aber auch das könnte der öffentlich machen. Wie bloß sollte er sein Verhältnis zu Max richtigstellen? Er wollte eben tippen: *Ich kenne Max Dreier nur aus der Schule. Wir gingen in dieselbe Klasse. Damals war er eher links …*, da erschien am Bildschirm ein weiterer Kommentar.

@linxrun: Mich wundert das nicht, wenn @aug_gusto mit dem Pseudogoebbels befreundet ist. Er kennt ja auch Popp privat und schrieb, der sei »im persönlichen Gespräch sympa-

thisch. Echt freundlich. Ganz einfühlsam. Kunstverständig. Feinsinnig. Nachdenklich. Beinah sanft.«

Der Bildschirm begann vor Augusts Augen zu flimmern, Schweiß trat ihm auf die Stirn. Sein Account wurde nicht nur von Freunden und Bekannten, sondern auch von diversen Fotoredaktionen, von Kollegen und Kolleginnen aus der ganzen Welt eingesehen. Was dachten die sich, wenn sie das hier lasen? August hatte das Gefühl, langsam in einem Schlammloch zu versinken, zumal ja nicht ganz falsch war, was ihm jetzt vorgeworfen wurde. Er kannte Max und hatte tatsächlich nicht mit ihm gebrochen. Er war in Kontakt mit Popp gewesen, und, ja, er hatte geschrieben, dass der sympathisch, freundlich, kunstsinnig sei … Vor allem aber – er hatte das Foto gemacht und es Popp überlassen. Er war im Sinne der Anklage schuldig. Es gab keine Ausrede, und so blieb ihm nichts zu tun, als hilflos dabei zuzusehen, wie er im Netz verleumdet und geradezu hingerichtet wurde.

@marc.m8: Sein Foto ist jetzt in aller Munde. Hängt überall. Was will der mehr? Die wollen doch alle nichts, als an Popps Erfolg teilhaben. PoppStars allesamt.

Dann jedoch mischte sich eine neue Stimme in die Diskussion ein.

@avWeiss: Becker ist kein Rechter und kein Nazi. Er ist ein großartiger Fotograf, der Aufnahmen macht und nicht Plakate. Becker wusste einfach nicht, was Popp damit vorhatte.

War das der jüdische Schriftsteller Avi Weiss, den August vor Kurzem porträtiert hatte? Wieso kam der ihm jetzt zu Hilfe? Die Bilder, die er von ihm geschossen hatte, waren nicht gerade schmeichelhaft gewesen. August hatte die Selbstverliebtheit dieses allgegenwärtigen Wortwechslers eingefangen. Weiss, der verbale Desinfektionsspender gegen alles Böse schlechthin, der für jedes Interview bereitstand, weil er so eitel war, zu glauben, er sei berufen, die Welt zu retten. Wo die Schreihälse und Großmäuler zugange waren, rief auch Weiss lauthals nach Ruhe und Mäßigung, bis einem Hören und Sehen verging. Weiss wurde als streitbarer Geist gehandelt, weshalb er zu Diskussionsrunden eingeladen, für Kommentare bezahlt und um Interviews gebeten wurde. Besonders gefragt war er, wenn es um Juden, Nazis oder am besten um beide auf einmal ging.

Dass sich Weiss offenbar auf Augusts Seite geschlagen hatte, provozierte in kurzer Zeit einen ganzen Schwarm von Kommentaren, Fragen, Angriffen und Beschimpfungen. *@traudlschauwem: Bin enttäuscht. Hätte ich mir von Weiss nicht gedacht. Welcher Verlag verlegt eigentlich so einen Autor?*

@quick4slick: Herr Weiss, ich verstehe Sie gerade nicht ganz. Wollen Sie etwa sagen, das Foto transportiere nicht die Faszination von Gewalt? Meinen Sie, Kunst stehe über dem Politischen und sei sakrosankt?

Es komme, führte Weiss aus, auf den Kontext an, das Foto spiegele Popps Wesen wider, leuchte es aus und könne es zugleich zum Strahlen bringen. Je nach Perspektive.

@quick4slick: Herr Weiss, ich verstehe sie schon wieder nicht. Würden Sie es etwa auch in Ordnung finden, wenn einer eine antisemitische Karikatur zeichnet? Würden Sie einem Nazi einen Ihrer Texte verkaufen?

August verstand sofort die Stoßrichtung der Frage. Hier geriet einer, weil er Jude war, in Verdacht, nur bei Antisemitismus empfindlich zu sein. Nein, antwortete *@avWeiss*, bei einer antisemitischen Karikatur würde er sicher anders reden. Aber sei denn Augusts Foto überhaupt antisemitisch, offen rassistisch oder faschistisch, fragte *@avWeiss*. Er gäbe zwar zu, das sei keine wirklich gelungene Aufnahme von August Becker, sondern ein Ausrutscher, doch der Fokus seiner Arbeit liege auf dem Einfühlsamen, nicht auf Klischees und Diffamierung.

Kaum war dieser Post online, brach eine Welle der Empörung über Weiss herein. Nicht zu glauben, so *@stanzn*, was der da von sich gebe. *Ein Ausrutscher? Aber es ist ja klar: Was interessiert mich ein Populist, der gegen Frauen, Schwule und Muslime hetzt. Nur wenn es um Juden geht, dann gehe ich auf die Barrikaden.*

Was meine Weiss eigentlich, so legte *@radicalchick* nach, wenn er sage, Augusts Foto sei nicht offen faschistisch? Gebe er also zu, auf unterschwellige Weise sei es das doch? Glaube er denn nicht, dass der versteckte und heimliche Faschismus gefährlicher sei als der offene?

Zu allem Überfluss meldete sich auch *@max3er* noch einmal: *Das Foto ist hervorragend gelungen. Es ist voller Kraft. Und viele Juden wie @avWeiss wissen längst, dass die eigentlichen Antisemiten heute nicht mehr die Nazis sind, sondern die Muslime.*

Weiss versicherte, nie etwas gegen Muslime, den Islam oder den Koran gesagt zu haben, er verwies auf seine Teilnahme an jüdisch-muslimischen Freundschafts- und Verständigungsseminaren, zudem auf seine Reden bei Kundgebungen gegen Hass und Hetze.

Aber alle diese Beteuerungen nährten nur den Hohn der Gegenseite.

Daraufhin ein *@paul.stockholm: Wie auch immer: Becker ist die Leni Riefenstahl unserer Zeit. Niemand sollte* Forum *lesen, solange Beckers Bilder dort erscheinen.*

Dieser Aufruf zum Boykott bekam in kurzer Zeit Hunderte Zustimmungen. Es gab bald einen eigenen Hashtag

#kein_Forum_für_Becker. Viele beteuerten, das *Forum* nicht mehr kaufen zu wollen, solange Beckers Fotos dort gedruckt wurden.

Widerspruch kam von *@quick4slick: Nein, Becker ist nicht die Leni Riefenstahl, sondern eher der Heinrich Hoffmann unserer Zeit.*

August starrte auf diese Zeilen. Heinrich Hoffmann, der berüchtigte Fotograf und Nazi der ersten Stunde, 1920 der Partei beigetreten, Mitgliedsnummer 59. Adolf Hitler war damals noch unbekannt gewesen und besonders kamerascheu. Hoffmann hatte das schnell geändert, er galt als Erfinder des Führerkults. Hitler ließ bald keinen anderen Fotografen an sich heran. Wer Bilder vom Kopf der NSDAP haben wollte, musste Hoffmanns Aufnahmen veröffentlichen. Auch die politischen Gegner kamen nicht an ihm vorbei. Sie schrieben gegen den Todfeind der Weimarer Republik an und blickten dennoch mit Hoffmann zu Hitler auf, druckten seine Porträts, mit denen er ihn verherrlichte. Nie wäre es der liberalen Presse in den Sinn gekommen, Reportagen und Berichte über Hitler nur von seinen eigenen Anhängern verfassen zu lassen, aber im Fall der Bilder waren sie blind.

Hoffmanns exklusive Stellung in der Propagandamaschinerie des Dritten Reichs brachte ihm Millionen ein. Er schaffte es zudem, Szenen nachzustellen und Bilder zu manipulieren, die auch nach dem Ende des Nationalsozialismus noch in Geschichtsbüchern veröffentlicht wurden und als authentisch galten. Hoffmann war ein Avantgardist der Fake News, in denen sich auch Popp so hervorragend verstand. Er war Augusts persönliche Horrorgestalt, die Verkörperung dessen, was er verabscheute und verachtete, und nun wurde er mit diesem Mann gleichgesetzt. Einen Moment noch starrte August auf den Bildschirm, dann klappte er den Laptop zu. Sie hatten alle recht. Er war mit dem Foto gescheitert. Schlimmer noch. Er hatte versagt. Statt zu zeigen, wie brandgefährlich Popp war, hatte das Foto selbst das Feuer gelegt.

Die nächsten Tage blieb August zu Hause. Marion war tagsüber in der Redaktion, kam an den Abenden zu ihm, müde und erschöpft von der Arbeit. Über das Foto sprachen sie nicht mehr, überhaupt mieden sie das Thema, wie es für August weitergehen sollte. Seine Kamera hatte er noch am Abend nach der Wahl weggeräumt. Marion erzählte von den Veränderungen in der Redaktion. Die Chefredakteurin Claire Taich war abgesetzt worden, Martin Dingell sollte ihr Nachfolger werden.

Im Lauf der Woche gewöhnten sich alle an den Gedanken, dass die Rechtspopulisten Teil der neuen Regierung werden würden. Die bürgerliche Mitte war bereit, es mit Popp zu versuchen. Vor der Wahl war dieser Gedanke noch tabu gewesen. Nun nicht mehr.

Von der Redaktion des *Forum* hörte er nichts mehr, auch Selma meldete sich nicht mehr bei ihm. Nur Marion tröstete ihn: »Denk nicht mehr an Popp, an den Wahlkampf, schau nach vorn. Willst du zukünftig für *TOTAL* arbeiten? Wenn du möchtest, kann ich mich für dich einsetzen.« August winkte ab. Er dankte ihr. Er küsste sie. »Komm mit ins Kino«, sagte Marion, »lass uns essen gehen.« Sie versuchte alles, ihn auf andere Gedanken zu bringen.

Eine Woche nach der Wahl erschien Selmas Reportage über Jo Gromow, über seinen Aufstieg als Geschäftsmann, der für seine Rücksichtslosigkeit und Brutalität bekannt war, über seine Methoden am Rand und jenseits der Legalität, über seine Beteiligungen an diversen Online-Portalen, die allesamt dafür bekannt waren, Hass und Hetze zu verbreiten.

Gromow unterstützte rechtsextreme Bewegungen in mehreren Ländern, er finanzierte offen rassistisch auftretende Parteien, die gegen Homosexuelle, gegen Muslime, gegen alle hetzten, die nicht christlich und weiß waren. Selma hatte Verbindungen zwischen Popps engsten Vertrauten und Gromow recherchiert und war sogar an ein Papier herangekommen, das eindeutig einen Fall von Korruption dokumentierte. Im Fall eines Wahlsiegs sicherten zwei aus der ersten Riege der Partei Gromow Staatsaufträge und Beteiligungen an heimischen Firmen im öffentlichen Besitz zu. Nur Popps Name wurde nicht explizit genannt.

Selmas Reportage erregte zwar einiges Aufsehen, wurde in den liberalen Zeitungen zitiert und in manchen Nachrichtensendungen erwähnt, aber Popp wischte alle Vorwürfe vom Tisch. Er könne sich nicht darum kümmern, wer aus seiner Partei wen kenne und wer wen irgendwo treffe. Er habe im Grunde keine Ahnung, wer dieser ominöse Gromow eigentlich sei. Alles Böse dieser Welt werde ihm angedichtet, offenbar sei er das Schreckgespenst der Eliten. Gäbe es diesen Gromow nicht, müssten ihn die Gutmenschen dieses Landes erfinden, denn er helfe ihnen, sich besser als alle anderen fühlen zu können. Er, Popp, habe jedenfalls mit diesem Mann und seinen Geschäften nichts zu tun. Er könne ausschließen, ihn je getroffen zu haben. Er habe diesen Namen von Selma Kaltak das erste Mal gehört. Was irgendeiner seiner Parteifreunde diesem Gromow vage versprochen habe, wisse er nicht und interessiere ihn nicht, weshalb es bedeutungslos sei – wenn es überhaupt je geschehen sei, was er ohnehin nicht glaube.

Damit war die Sache erledigt, niemand hakte nach. Die Geschichte ging unter. Die großen Boulevardmedien wie etwa *TOTAL* berichteten mit keinem Wort davon.

Wenige Tage nachdem Selmas Artikel erschienen war, klingelte Augusts Telefon. Hubertus Danzer, der Leiter eines alteingesessenen Verlags, hatte einen Job für ihn. Er sollte einen Klimaforscher fotografieren, dessen neues Buch, so Hubertus Danzer, von seinem Verlag veröffentlicht werde. Ob er denn nicht wisse, fragte August, dass er zur Persona ingrata geworden war, ob er denn noch nicht gesehen habe, wie über ihn hergezogen werde im Netz.

Er gebe nicht so viel auf dieses digitale Gezwitscher, antwortete Hubertus Danzer. Er erinnere sich noch gut an einen Greis, der in dem Ort, in dem er aufgewachsen war, mit seiner Kamera herumgezogen sei. »Der hat uns Buben gefragt: ›Na, Kinder, wer von euch will ein Foto? Ist umsonst.‹ Alle wollten wir eins. Am Abend ist er dann zu uns nach Hause gekommen und hat versucht, seine Bilder zu verkaufen. Mein Vater meinte: ›Hubertus sagt, das Foto ist gratis.‹ Da erklärte der Alte: ›Ja, das Knipsen kostet nichts, aber die Fotos schon.‹ Und im Grunde hatte er doch recht damit. Das Abdrücken ist das eine, die Abzüge sind wieder etwas anderes. Deine Aufnahmen waren gut wie immer … nur das Bild auf dem Plakat eben nicht. Also, machst du das Foto? Wir brauchen es aber so schnell wie möglich.«

Am Nachmittag des nächsten Tages war August mit dem Klimaforscher verabredet. Als er nach seiner Kamera griff, überkam ihn ein Widerwillen. Ekelte es ihm vor ihr oder vor sich selbst? Er war gerade im Begriff, die Wohnung zu verlassen, als sein Telefon klingelte. Marion war dran. Sie habe heute endlich wieder Zeit, sagte sie, und gehe gleich noch zu Frank, um eine Kleinigkeit zu essen. Ob er sie dort treffen und nachher mit zu ihr kommen wolle.

»Hast du einen neuen Kommentar fertig?«

»So ist es.«

»Doch noch etwas über Gromow?«

»Diese Horrorgeschichten überlasse ich Selma.«

»Ich kann heute leider nicht. Ich habe noch zu tun und muss morgen früh los.

»Ein Job?«

»Der Klimaforscher …«

»Stimmt …«

Vielleicht könnten sie einander ja morgen treffen, meinte August, doch Marion winkte ab. Nein, da sei sie unterwegs. Der Außenminister, von dem es hieß, er würde der nächsten Koalition nicht mehr angehören, breche auf zur Konferenz nach Paris und sie sei im Tross der Presse mit dabei.

Das habe er ganz vergessen, so August, dann müssten sie einander noch unbedingt sehen. Ob sie nicht zu ihm kommen wolle.

Aber nun war es Marion, die ablehnte. Sie komme ja wieder. Sie müsse noch packen und sich vorbereiten. Und er möge jetzt an seinen Auftrag denken; der Klimaforscher …

Am Abend des nächsten Tages, als August gerade die Aufnahmen seines letzten Auftrags bearbeitete, kam Tim vorbei. »Ich brauche ein Foto«, sagte er, »eines von mir. Du hast ja unzählige. Alle Neuen werden auf der Website der Uni kurz vorgestellt, knappe Bio, ein paar persönliche Zeilen und eben ein Foto, am besten ein Schnappschuss.«

Ob Tim einen Espresso wolle, fragte August.

Nein, ein Glas Wasser. Sie setzten sich gemeinsam vor den Laptop.

»Ist das Bert Folder? Der Klimaforscher?«

»Du kennst ihn?«

»Wer kennt den nicht? Toller Typ.«

August öffnete den Ordner mit den Aufnahmen von Tim,

es waren Unmengen. Sie klickten sich durch die Dateien, Tim mochte keines der Fotos, fand sich auf allen schrecklich.

»Warum schau ich eigentlich immer so blöd drein?«

»Ja, das frage ich mich auch …«

»Das da ist gut.«

»Ja, das war, als du mir vor Wut einen Schuh aufs Auge geworfen hast.«

»Ich hätte ja eigentlich die Kamera treffen wollen. Du hast sie weggezogen. Sie war dir wichtiger als die eigene Nase.«

»Ja klar, ich bin schuld«, sagte August und versendete die Datei an Tims Mailadresse. Dann schloss er den Ordner, und auf dem Bildschirm waren nun verschiedene andere Fotos in kleinerem Format zu sehen. Tim klickte eines an und schon füllte es den ganzen Bildschirm aus. Es war jenes von Popp vor dem Fass mit dem Hammer in der Hand. »Da haben wir es ja.«

»Mach es bitte zu.«

»Lass es mich kurz anschauen.«

»Nein«, murmelte August und griff über seinen Sohn hinweg, um die Datei zu schließen, doch Tim schob den Arm des Vaters zur Seite.

»Lass das, verdammt nochmal«, sagte August.

»Aber es sieht hier irgendwie anders aus.«

August schlug mit der Hand auf den Tisch: »Ich will es nicht mehr sehen, verstehst du? Ein Leben lang interessierst du dich nicht für meine Fotos – und jetzt kommst du daher, verlangst eine dieser Scheißaufnahmen von dir, die du nie haben wolltest, die du mir immer vermasselt hast und fragst auch noch, warum du immer so blöd dreinschaust darauf! Mich fragst du das? Und zu allem Überfluss stößt du mich mit der Nase auf dieses eine verfluchte Bild von dem Popp. Was soll das? Wieso bist du ständig gegen mich?«

»Verzeih, Papa. Ich bin nicht gegen dich. Es tut mir leid. Es war nur … das Bild ist ganz anders als auf dem Plakat.«

Er habe keine Ahnung, wovon Tim rede, murmelte August, und er solle ihn endlich in Ruhe lassen mit dieser Scheiße. Entnervt klappte er den Laptop zu. Tim brachte ihm ein Glas Wasser und sagte: »Trink, Papa. Ich will dir nicht auf die Nerven gehen, aber schau dir das Foto ein letztes Mal an, bitte, da ist wirklich etwas merkwürdig.«

August nahm einen Schluck, dann seufzte er und klappte den Laptop noch einmal auf. Er starrte auf das Foto, und Tim zeigte auf eine Stelle am Bildrand. Zwei Köpfe lugten hinter einem Vorhang hervor. Ja, sagte August, entweder sei das Foto für das Plakat beschnitten oder der Hintergrund geschwärzt worden. Das sei nicht ungewöhnlich. Er zoomte die beiden Gesichter heran, sie waren ihm völlig unbekannt. Aber Tim zeigte auf einen der beiden und sagte, den habe er schon irgendwo gesehen. Er wisse aber nicht, wo.

August zuckte die Schultern. »Das ist doch egal, wer das ist, das spielt doch alles keine Rolle mehr.«

Er müsse jetzt weiter, sagte Tim. Sie gingen hinaus in den Vorraum, und vor der Garderobe drehte sich der Sohn noch einmal um. »Ich bin nicht gegen dich, Papa.«

Auf der Kommode neben der Tür lag die letzte Ausgabe vom *Forum*. Tim nahm das Heft in die Hand und blätterte es durch. Als er zu Selmas Reportage kam, fragte er: »Hat sie sich bei dir gemeldet?«

August schüttelte den Kopf. Tim starrte weiter auf die Seiten, blätterte um, dann stockte er und lief an August vorbei zurück zum Computer. »Klar! Daher kenne ich das Gesicht. Das ist Gromow.«

»Blödsinn!« August stellte sich neben Tim, verglich den

Mann im Hintergrund seiner Aufnahme mit dem Gesicht auf dem Foto im Magazin. Die Ähnlichkeit war groß, musste er zugeben. Dieselbe runde Visage, die wulstigen Lippen, die breite Nase. Was, wenn das wirklich Gromow war? Konnte es wirklich sein, dass er sich auf einer Wahlveranstaltung hatte blicken lassen? Aber wieso auch nicht? Wer kannte ihn schon hierzulande? Und Gromow war ja kein international gesuchter Verbrecher, der sich verstecken musste. Die anderen Fotografen und die feiernde Menge hatten ohnehin nur auf Popp geschaut. Nur er hatte sich als Einziger seitlich hinter das Fass postiert, um Popp besser einfangen zu können. Deshalb war Gromow auf dem Foto, er war nur von seiner Perspektive aus zu sehen gewesen.

Gromow im Hintergrund. Im Vordergrund Popp mit Hammer. Es sah beinah so aus, als kreuzten sich ihre Blicke, als wolle sich Popp zu Gromow umschauen, als wisse er, wer da hinter ihm stand. Auf jenem Bild, das im ganzen Land affichiert gewesen war, tauchte Gromow auf. Aus dem Nichts, denn auf dem Plakat war seine Gestalt geschwärzt gewesen. Gromow war der dunkle Schatten des Ulli Popp.

Nachdem Tim gegangen war, schaute August noch einmal alle Aufnahmen der Serie durch. Nirgends fand er Gromow ein weiteres Mal, weder auf den Fotos, die er in Aschen gemacht hatte, noch auf jenen in Oberfeist. Keine zweite Aufnahme, die den Verdacht bestätigte. Auch nicht auf dem Partyschiff am Granter See.

Stunden später erst fiel ihm jenes Essen in Sulzen ein, zu dem Selma und er nicht eingeladen gewesen waren, Marion und Martin Dingell hingegen schon. Hatte er nicht an der Tür des Wirtshauses, wo sie abgewiesen worden waren, noch ein oder zwei Fotos geschossen? Eines mit Marion in der Mitte. Er suchte nach dem Bild, und da, neben ihr, stand unverkennbar Jo Gromow, begleitet von einem seiner Muskelmänner in Schwarz und umringt von anderen Gästen, darunter Martin Dingell.

Marion hatte ihm nichts von dieser Begegnung mit Gromow erzählt. Selbst als Selma in der Pressekonferenz davon gesprochen hatte, war Marion stumm geblieben.

Eine ganze Stunde starrte er auf dieses Bild. Dann rief er Selma an. Er hörte den Rufton, einmal, zweimal, danach sprang die Mailbox an. Sie hatte ihn weggedrückt. Er schickte ihr eine Kurznachricht. »Ruf mich bitte zurück. Es geht um Gromow.« Ein paar Minuten später klingelte das Telefon. Er stürzte hin, aber es war nicht Selma, sondern Marion. Ein Anruf aus Frankreich. »Hey August.«

»Hallo Marion. Wie ist Paris bei Nacht?«

»Ich vermisse dich.«

»Wie läuft die Konferenz?«

»Unser Minister versteht nicht, mit wem er es hier zu tun hat.«

»Und das Essen? Ist es so gut wie damals in Sulzen?«

»Was meinst du?« Und dann, nach einer kurzen Pause: »Nein, viel besser.«

»Wirklich? Dabei war das damals doch auch eine richtig exklusive Runde …«

Marion schwieg. Dann sagte sie: »Du hast das Foto gesehen.«

Darauf er: »Du wusstest die ganze Zeit Bescheid.«

»Ich wurde von Dingell zum Schweigen verdonnert. Er kennt Gromow. Lass uns darüber reden, wenn ich wieder zurück bin.«

Sie war dabei gewesen, als Popp Selma verhöhnt hatte. Ein Wort von ihr über Gromow hätte alles geändert.

»Dingell hat jetzt das Sagen, das weißt du doch. Solange

Claire Chefredakteurin war, konnte ich machen, was ich wollte. Aber jetzt … Was soll ich tun? *TOTAL* verlassen? Fürs *Forum* schreiben? Selbst wenn die mich wollten, was ich nicht annehme … das bin ich nicht.«

»Aber bei *TOTAL* bist du doch nur Alibi.«

Sie fiel ihm ins Wort: »Wenn du das Foto veröffentlichst, auf dem ich neben Gromow zu sehen bin, ist es zwischen uns vorbei. Das darfst du nicht machen.«

August fühlte sich plötzlich unendlich müde. Fast wäre ihm das Telefon aus der Hand gefallen.

»Hörst du mich, August? Hast du mich verstanden?«

»Klar, Marion. Selbstverständlich.«

Selma hob nicht ab und meldete sich nicht zurück. Er änderte die Einstellungen an seinem Mobiltelefon, um seine Rufnummer zu unterdrücken, und diesmal ging sie ran, doch noch ehe er etwas sagen konnte, brüllte sie los: »Du Arschloch, ich mach dich fertig! Ich habe eine Fangschaltung installiert, du perverses Schwein!«

»Selma? Ich bin's, August!« Er hörte, wie Selma versuchte, ein Schluchzen zu unterdrücken.

»Wieso rufst du mich jetzt als anonymer Teilnehmer an? Was soll das?« Seit ihre Reportage erschienen war, erhalte sie Morddrohungen. Einer erzähle jedes Mal, was er mit ihr anstellen werde … Auch Bilder würden ihr zugeschickt von niedergestochenen Menschen, von abgeschnittenen Körperteilen. Telefonterror Tag und Nacht. Nein, sie wolle nichts mehr von Gromow hören. Sie habe genug davon. Sie könne nicht mehr aus dem Haus, ohne sich verfolgt zu fühlen. Gestern sei in ihrem Auto – auf dem Rücksitz! – ein Trauerkranz gelegen, mit roten Rosen und einer Schleife aus schwarzem Satin, darauf in gelber Schrift: »Ein letzter Gruß«, und:

»Dein Wille geschehe«. Von den Angriffen auf sie in einem neuen Online-Boulevardmedium wolle sie gar nicht reden. Dort sei erwähnt worden, wo sie wohne!

Nein, sie wolle nichts mehr von Gromow hören, es sei ohnehin alles umsonst. Hätte sie diese Verstrickungen bei einem anderen Politiker aufgedeckt, wäre nur dessen Rücktritt denkbar gewesen. Aber bei Popp kümmere der Verdacht kaum jemanden. Popp werde doch genau deshalb gewählt, weil er für das Recht des Stärkeren stehe. Rassismus und Vetternwirtschaft seien das Fundament seiner Politik, dafür hätten ihm die Menschen in diesem Land ihre Stimme gegeben. Nichts anderes, so Selma, stecke hinter seiner Parole: Unser Geld für unsere Leute! Nein, es habe keinen Sinn mehr. Sie wolle nichts mehr von Gromow hören, wiederholte Selma. Für wen solle sie ihr Leben riskieren?

»Verzeih mir«, war alles, was August herausbrachte. »Das wusste ich nicht. Kann ich irgendetwas tun für dich?«

Sie ging gar nicht auf die Frage ein, sondern wollte nur wissen, warum er angerufen habe.

»Popp und Gromow kennen einander«, sagte er, »wir könnten es beweisen. Mit einem Foto … Aber vergiss es. Ich wusste nichts von den Drohungen. Du hast andere Sorgen.«

Sie schwieg, und er wollte sich schon von ihr verabschieden, als er Selma tief Luft holen hörte. Dann sagte sie: »Also gut, wann kannst du da sein?«

Noch in derselben Stunde fuhr August zu Selma und zeigte ihr, wovon er schon am Telefon erzählt hatte. Das Bild vor dem Fass war der Beweis, aber es gab auch noch das zweite: Gromow in exklusiver Runde vor dem Gasthaus in Sulzen, reserviert für den engsten Kreis um Popp.

Ob er wirklich beide Fotos veröffentlichen wolle, fragte Selma.

»Unbedingt!«

Sie sah ihn ruhig an. Sicher? Vielleicht genüge ja vorerst das eine. Immerhin sei auf dem anderen auch Marion zu sehen. Wenn Popp dann immer noch alles abstreite, könne das Foto vor dem Gasthaus immer noch nachgeschoben werden.

»Nein«, winkte er ab, »wir legen jetzt alles auf den Tisch. Ich riskiere viel weniger als du.«

Die Zeit drängte. Als Dino mitten in der Nacht nach Hause kam, saßen Selma und August noch am Küchentisch. Selma sah sich alle Aufnahmen, die August gemacht hatte, immer wieder durch und suchte darauf nach weiteren Gesichtern aus Gromows Umfeld. Dann begann Selma mit ihrem neuen Artikel und las August immer wieder Sätze und Abschnitte vor, worauf er Anmerkungen und Vorschläge machte, die sie aufgriff und einarbeitete. Als sie mit dem Text endlich zufrieden war, hatte es keinen Sinn mehr, sich zu verabschieden und schlafen zu gehen.

»Ich mach uns Kaffee«, sagte Selma. Dann, noch ehe Dino wieder aufgewacht war, brachen sie in die Redaktion auf. Zu zweit bestiegen sie den Motorroller, wobei Selma nur dazu bereit war, wenn sie vorne sitzen und fahren durfte.

»Ich weiß nicht, ob wir die Fotos abdrucken sollen«, meinte der Fotoredakteur in der Besprechung, »Popp hat die Rechte dafür, jedenfalls für das mit dem Fass. Wenn wir es veröffentlichen, geht er gegen August und gegen uns vor Gericht. Das kann sehr teuer werden.«

»Willst du etwa kneifen?«, fragte August. »Soll er doch klagen. Mir ist es das wert. Wenn Popp das tut, gibt er damit zu, dass es dieselbe Aufnahme ist. Dann weiß jeder, dass dieses Bild das Original ist, dass der Kerl da wirklich Gromow ist, und Popp gesteht damit ein, gelogen zu haben.«

Bruno nickte: »August hat recht. Wir machen es. Das ist unsere Pflicht. Wenn wir darüber nicht berichten, können wir die Zeitung auch gleich zumachen.« Und an Selma gerichtet meinte er: »Dein Artikel ist großartig. Er wird Popp seine politische Karriere kosten, das kann gar nicht anders sein.«

Selma antwortete: »Das war eine gemeinsame Arbeit. August muss auch als Autor genannt werden.«

Das Aufsehen in den Medien und in den sozialen Netzwerken war beträchtlich, als die neue Ausgabe des *Forum* erschien. Die Konservativen, die nach der Wahl erklärt hatten, es sei möglich, Popp in einer Koalition zu bändigen, gaben sich jetzt plötzlich zurückhaltend, warnten aber vor allzu schnellen Urteilen. Erst müsse geklärt werden, ob es zwischen Popp selbst und Gromow tatsächlich zu irgendwelchen Abmachungen gekommen war.

Die anderen Parteien waren über die neuen Enthüllungen gar nicht erstaunt und gleichzeitig ungemein entsetzt. Eine Gruppe Intellektueller, die einander schon gut vom Unterzeichnen vieler gemeinsamer Protestbriefe kannten, veröffentlichte auch diesmal ein Manifest gegen den Pakt mit dem Rassismus und bekundeten, wie erschüttert sie wieder einmal waren. Es interessierte sich kaum jemand dafür. August sah die Liste durch und fand – wie zu erwarten – auch Avi Weiss darunter.

Popp selbst erklärte in einer Aussendung, August habe beide Fotos manipuliert. Er sei überzeugt, Gromow sei nie in Purer, Sulzen oder Grant gewesen, und wenn doch, dann habe er, Popp, nichts davon gewusst. Bei einer Kundgebung vor zahlreichen Anhängern wetterte er wieder gegen die Lügenpresse, und seine Basis hielt zu ihm. Ihr war egal, dass ihm nachgewiesen worden war, nicht die Wahrheit gesagt zu haben, denn sie war ohnehin davon überzeugt, die ganze Politik bestehe nur aus Lügen. Und nur Popps Lüge bewahre sie vor den Lügen der anderen und Popps Wahrheit liege im Interesse ihres Anspruchs auf die Macht.

Im Netz behauptete jetzt niemand mehr, August sei ein heimlicher Freund von Ulli Popp. Keiner nannte ihn noch einen Faschisten. Stattdessen wurde er jetzt zur Zielscheibe des offenen Hasses von rechts. In anonymen Kommentaren wurde ausgeführt, wie er niedergeknüppelt, überfahren oder am besten von blutrünstigen Muslimen niedergestochen werden sollte. Aber so sehr ihn zuvor die Beschimpfungen der antifaschistischen Seite bekümmert hatten, so wenig störten ihn jetzt die Morddrohungen der rechten Recken. Beinahe freute er sich darüber, dass ihn die Richtigen attackierten.

Max Dreier postete, er wolle nichts mehr mit seinem Jugendfreund zu schaffen haben, der sei zum Volksverräter mutiert, und tat August den Gefallen, ihm zu entfolgen.

Dass auf dem Plakat Gromow retuschiert worden war, wurde dennoch von vielen gegen Popp ausgelegt, da mochte er noch so oft beteuern, dass es der Grafiker gewesen war, der Gromow geschwärzt hatte. So mancher, der immerzu seinen Lügen geglaubt hatte, traute ihm nun, da er die Wahrheit sagte, nicht mehr. Mit Augusts Foto hatte Popp seinen größten Erfolg erzielt und seinen schwersten Einbruch erlitten. Schlag auf Schlag.

Die Veröffentlichung auf dem Cover vom *Forum* war nur der Anfang der Enthüllungen. Erst jetzt wurde Gromows Gesicht wirklich wahrgenommen. Nun erinnerten sich manche, ihn in Purer und in Sulzen gesehen zu haben. Solche Berichte wurden zwar zunächst als Wichtigtuerei einiger weniger abgetan, aber dann tauchte ein Video auf, das bereits seit Tagen, weitgehend unbemerkt, im Netz kursierte und anonym hochgeladen worden war. Es stammte von dem Volksfest in Purer und war im Getümmel – wohl kurz vor oder nach dem Fassanstich – aufgenommen worden. Auf dem Clip war Gromow im Gespräch mit Popp zu erkennen. Nur Satzfetzen waren zu hören, doch es war die Stimmung zwischen den beiden Männern, die wiedergab, wie vertraut sie waren. Niemand, der diese kleine Szene sah, konnte noch glauben, Popp kenne Gromow nicht. Jedes Wort zwischen ihnen, auch das unschuldigste, hallte im Video dumpf und rau nach – und selbst als Gromow über einen Stehtisch hinweg Popp um das Buttermesser bat, klang es, als ginge es hier um die Anstiftung zu einer Bluttat.

An jenem Tag, als das Video zunächst in den sozialen Medien gezeigt und später von allen Fernsehsendern ausgestrahlt wurde, brachen die Konservativen die Koalitionsverhandlungen mit Popp ab. Flo Maus trat vor die Kameras und verkündete, immer schon davon überzeugt gewesen zu sein, dass mit Popp kein Staat zu machen sei.

Bei August klingelte an diesem Abend ununterbrochen das Telefon. Ella gratulierte ihm. Bruno sagte, er habe von Anfang an gesagt, dass es besser sei, jenes Hammerbild erst nach der Wahl zu veröffentlichen. Und Kevin meinte, August sei immer schon ein Kämpfer gewesen, ein Killer eben. Sogar Michael Finke, der Nachfolger seines Vaters, rief an, um zu verkünden, wie stolz Paul Becker auf ihn, auf seinen Sohn, gewesen wäre. Und Tim hinterließ eine versöhnliche Nachricht auf Augusts Mailbox: »Hallo Papa – das habt ihr großartig gemacht. Das soll ich dir auch von Charlie ausrichten.«

Nur Marion, die längst aus Paris zurückgekehrt sein musste, meldete sich nicht.

10

Kaum einer glaubte noch an Popp als Nummer eins seiner Partei, selbst langjährige Vertraute rückten von ihm ab. Aber dann erschien ein Interview in *TOTAL*, und noch einmal wendete sich das Blatt.

Der Titel klang geradezu hämisch: »Ulli Popp: Die kriminelle Intrige!« Mit einem solchen Aufmacher war für Aufmerksamkeit gesorgt. Martin Dingell und Marion Ettl zu Besuch bei Ulli Popp. Eine Homestory also. Womöglich eine Heimsuchung? Das kleine Haus am Rande der Stadt so gemütlich und so geschmackvoll eingerichtet. Die schwarze Dogge Kira, dieses sanftmütige Ungeheuer, das treuherzig zu seinem Herrchen hochblickte. Der Tee wurde vom Hundeliebhaber höchstpersönlich serviert. Ein paar Bemerkungen fielen über die Wohnung in der Nebenstraße, die er für seine schwerkranke Exfrau angemietet hatte, und darüber, wie selbstlos er nun für sie sorgte und für alle Behandlungen aufkam, obwohl er doch einst von ihr betrogen und verlassen worden war. »In solchen Momenten zählt nur die Freundschaft«, sagte Popp.

Dann sprach Martin Dingell den Skandal an, als gehe es um ein peinliches Missgeschick: »Wie, so wollen unsere Leser wissen, kann einem wie Ihnen so etwas passieren? Was hat ein Ulli Popp mit einem Jo Gromow zu schaffen? Und wenn Sie ihn tatsächlich kennen – wieso lässt sich ein Popp mit Gromow in der Öffentlichkeit blicken?«

»Sie haben ganz recht, das war keine gute Optik. Ein Fehler eines jungen Mitstreiters … sehr eifrig, aber noch sehr unerfahren. Im Grunde der Beweis meiner Unschuld.«

»Ihrer Unschuld?« Diese Zwischenfrage kam von Marion.

»Ich wusste nicht, wer dieser Gromow ist. Glauben Sie, ich wäre sonst so blöd, mich mit ihm zu zeigen?«

»Und das Essen mit ihm?«

»Haben Sie eine Ahnung, wie viele mit mir am Tisch sitzen?«

»Viele werden Ihnen das nicht glauben.«

»Ich bitte Sie! Sie waren doch auch dabei. Hätte ich ihn in aller Öffentlichkeit getroffen, wenn ich etwas zu verbergen hätte? Und was diese Aufnahmen betrifft, wer sagt denn, dass die echt sind? Vielleicht handelt es sich ja um Montagen.«

»Sie sollen Gromow seit Jahren kennen.«

»Alles nur Gerüchte. Dieser Mann wurde noch nie verurteilt. Gilt denn bei ihm nicht die Unschuldsvermutung? Aber ich sage Ihnen etwas: Die Menschen haben genug von diesen dauernden Verleumdungen. Ich mache bei so etwas nicht mit …«

»Und Gromows Spenden an Ihre Partei?«

»Das Ganze wurde eingefädelt, um uns zu schaden. Das ist eine kriminelle Intrige …«

»Von wem?«

»Ja, das ist die Frage. Sie sind Journalisten, Sie sollten dazu recherchieren und die Hintergründe aufdecken …«

Und in diesem Ton ging es weiter. Das Interview war flankiert mit Bildern von Gastlichkeit und trautem Heim. Darunter Marions Kommentar *Ettliches*, indem sie beklagte, dass nicht mehr über politische Positionen gestritten werde, sondern nur noch über Befindlichkeiten.

Einen Tag nachdem das Interview erschienen war, traf August zufällig mit Marion zusammen. Er sollte einen Abgeordneten im Parlament fotografieren, als sie auf ihn zulief. Immer wieder hatte er sich überlegt, was er ihr sagen wollte, wenn sie sich wiedersahen. Aber als ihm Marion jetzt im Flur entgegenkam, er ihr Lächeln sah, das unverdrossene Strahlen in den Augen, das leicht spöttische Lächeln und ihre dichten Locken, wurde ihm ein wenig flau im Magen, und er wollte es bei einem knappen Gruß bewenden lassen. Sie aber stellte sich ihm in den Weg: »Wolltest du gerade wortlos an mir vorbei, August? Reden wir nicht mehr miteinander?«

Marion fasste nach seinem Arm, er spürte ihren Atem.

»Ich bin spät dran«, sagte August, »ich habe noch einen Termin.«

»Na, dann will ich dich nicht aufhalten.«

Sie schwiegen und schauten einander reglos an. Das alte Spiel – wer sich als Erster bewegt, hat verloren. Dann sagte Marion: »Tut es dir nicht leid?«

Das war das Stichwort für seinen Auftritt, für seine Ansprache, die er in letzter Zeit immer wieder geübt hatte – dass er die Zeit gerne zurückdrehen würde und wie wichtig dieses eine Foto gewesen war, auf dem sie auch zu sehen war, um Popps Lügen aufzudecken; dass es natürlich ein Fehler gewesen sei, nicht mehr miteinander zu reden, und dass sie beide viel zu schnell aufgegeben hätten; ja, wollte er ihr versichern, all das täte ihm sehr leid.

Aber noch ehe er ein Wort herausbrachte, wiederholte sie: »Tut es dir denn gar nicht leid?« Und dieses Mal schwang kein Bedauern mit, sondern ein Vorwurf. »War dieses eine Bild«, redete Marion weiter, »auf dem ich mit drauf bin, denn tatsächlich so wichtig? Warum hast du mich alldem ausgesetzt?«

Jetzt erst brachte August den Mund auf. »Ist es denn meine Schuld, dass du bei diesem Treffen mit Gromow dabei warst?«

Sie schüttelte den Kopf: »Als hätte man mir vorher gesagt, wer zu diesem Essen eingeladen ist. Ich habe dich ja gewarnt. Dass es aus ist zwischen uns, wenn es erscheint.«

August streifte Marions Hand ab, dann sagte er: »Du hast die ganze Zeit alles gewusst und hast nichts gesagt. Und jetzt fragst du mich, ob es mir leidtut? Ausgerechnet du? Nach deinem Hausschuhgespräch mit Popp, deiner windelweichen Kolumne … diesem Totalversagen von Journalismus. Was glaubst du eigentlich, wer du bist?«

Marion machte einen Schritt zurück: »Und du? Was glaubst du eigentlich, wer du bist? Habe ich etwa Popp die Vorlage zum Plakat geliefert?« Sie lächelte spöttisch: »Und glaubst du im Ernst, die anderen werden ihn nicht interviewen? Wir waren nur die Ersten. Alle werden es uns nachmachen. Und weißt du, wer am Ende die Fotos davon machen wird? – Erraten. Ich freue mich jetzt schon auf deine tollen Bilder. Und übrigens, du hast doch noch einen dringenden Termin.« Damit ließ sie ihn stehen.

Marion sollte recht behalten. Die Homestory im *TOTAL* war nur der Auftakt zu einer ganzen Serie von Interviews mit Popp. Es gab kaum einen Sender und kaum ein Blatt, in dem er nicht ausführen durfte, wie er in die Falle geraten war, wobei unklar blieb, ob er vom sogenannten Mainstream, der abgewählten Regierung, von fremden Mächten, die die Weltherrschaft an sich reißen wollten, von einem Verräter aus den eigenen Reihen oder gar von Gromow selbst hereingelegt worden war. Alles blieb ein Geraune, aber die Botschaft verfing.

Plötzlich wurden Kundgebungen für ihn abgehalten, die von den Nachrichtensendern übertragen wurden, während die laufenden Koalitionsverhandlungen kaum noch jemanden zu interessieren schienen. Von Popp hingegen berichteten die Reporter auch dann, wenn nichts zu sehen war außer einer Menge Menschen vor einer leeren Bühne. Wenn er erschien, wurde er gefeiert wie ein Märtyrer, wie ein Held, der allen Hindernissen zum Trotz seinen Auftrag doch noch erledigt hatte. »Er ist wieder da«, sagte eine Moderatorin in die Kamera, und dieser Satz wurde zur Schlagzeile in allen Medien: »Er ist wieder da!«

Und Popp nützte die Bühne. Er sei, so sagte er, von den Eliten um seinen Sieg betrogen worden. Das Wahlergebnis und damit der Wille des Volkes werde ignoriert. Im Netz kursierten Videos, in denen zum Aufstand aufgerufen und Angriffe auf Moscheen und Synagogen beklatscht wurden. Aber es gingen nicht nur die Rechtsextremen für Popp auf die Straße, sondern auch viele, die sich aus unterschiedlichen Gründen von der etablierten Politik nicht vertreten fühlten und den liberalen Medien misstrauten. Wehrsportgruppen, Männerbünde und Burschenschaften standen ebenso für ihn ein wie verschiedene religiöse Gruppierungen. Auf den Kundgebungen wehten gelegentlich auch Regenbogenfahnen, und für besonderen Aufruhr in den sozialen Medien sorgte ein Banner mit dem Spruch »Linke für Popps Rechte«. Andere marschierten in Lederjacken und Springerstiefeln und sangen: »Ullí Ullí Ullí Ullíi – Úlli Úlli – Ulli Popp.«

»Faschisten«, entfuhr es Bruno, als er die Videos der Kundgebungen und Protestmärsche sah und dann: »Das sind Nazis.«

»Nein«, widersprach Selma, »die Faschisten waren in Verbänden organisiert und trugen Uniformen. Die Nazis haben Veranstaltungen gesprengt und ihre Kritiker ermordet. Sie hatten eine klare Ideologie. Popps Programm ist er selbst. Führerkult war gestern. Heute geht es um Follower. Popps

Fan muss kein Mitglied sein, er ist Wutbürger. Das ist Faschismus in Eigenverantwortung. Seine Anhänger haben eigentlich nur eines gemeinsam, sie alle vertreiben die Marke Popp. Auf eigene Faust! Das ist politisches Franchising.«

Marion sollte auch noch ein weiteres Mal recht behalten: Alle luden Popp ein, auch jene, die gegen ihn waren, und er kam nur allzu gern und stand Rede und Antwort in jeder Redaktion und in jedem Studio. Das *Forum* blieb lange dem Vorsatz treu, dem Populismus nicht auch noch die Bühne zu bereiten, aber nach ein paar Wochen meinte Bruno, das Feld, also der Markt, dürfe nicht den unkritischen Medien überlassen werden und außerdem wäre eine Konfrontation zwischen Popp und Selma der Knüller, nach dem nun alle gieren würden. Diese Gelegenheit dürften sie sich nicht entgehen lassen. So saß Popp, der tatsächlich zu einem Interview bereit war, dann eben doch an einem Montag vor dem Chefredakteur des *Forum* und vor der profiliertesten Journalistin dieses Blattes, Selma Kaltak, und sagte: »Es gibt diese Spekulanten, die mit allen Mittel jene bekämpfen, die für das Volk sprechen und für ihre Rechte einstehen.« Als Selma nachfragte, wen er damit meine, wer genau diese Spekulanten seien, protestierte er »aufs Schärfste gegen die Unterstellung«, etwas gegen Juden zu haben, das sei ungeheuerlich – und letztlich seien jene, die so einen Verdacht äußerten, für die Verbreitung des Antisemitismus verantwortlich. Er hingegen schrecke nicht davor zurück, den muslimischen Antisemitismus immer wieder beim Namen zu nennen.

Ob er sich zumindest von jenen Glatzköpfen distanzieren wolle, die in letzter Zeit für ihn auf die Straße gingen und von einer Weltverschwörung und dem geheimen Plan fantasierten, dass die Bevölkerung des Westens gegen Fremde und Zuwanderer aus muslimischen Ländern ausgetauscht werden sollte.

Popp lehnte sich in seinem Stuhl zurück: »Ich kenne diese jungen Leute nicht. Weshalb sollte ich mich von irgendwem distanzieren, mit dem ich nichts zu tun habe? Ich war immer gegen Gewalt. Außerdem: Die meisten sind doch nette Kerle, die sich zu Recht Sorgen machen um unsere Heimat. Wir sollten nicht pauschalisieren.«

»Manche von denen sind immerhin bei Ihren Wahlkampfveranstaltungen aufgetaucht und haben dort mit aggressiven Parolen massiv Stimmung für Sie gemacht.«

»Das klingt so, als wäre das schon ein Schwerverbrechen …«

Popp schien sich wohlzufühlen in dem Gespräch. Er setzte ein schiefes Grinsen auf, als meine er seine Worte nicht wirklich ernst, als wüssten alle, dass er bloß die Rolle des Schlawiners spiele, der sich der Verbissenheit der *political correctness* nicht unterwarf. Es lief am Ende also alles genau so, wie Marion es vorausgesehen hatte, auch dass August Becker die Fotos von jenem Gespräch in der Redaktion des *Forum* machen würde.

Wie so oft war er auch an diesem Montag spät dran gewesen, war kopflos aus der Wohnung gelaufen, vorbei an dem syrischen Nachbarn, dessen Gruß er heute nicht einmal erwiderte, so eilig hatte er es, und hinaus auf die Straße, wo er auf seinen Motorroller springen wollte, aber wo hatte er ihn bloß wieder abgestellt? Er verfluchte sich, schrie »Arschloch«, worauf ein älterer Herr, der gerade vorbeikam, zusammenschreckte und ihn verstört ansah. Er hetzte die Gasse auf der einen Seite hinauf und auf der anderen wieder hinunter. Das konnte doch nicht wahr sein, dachte er, wo war dieser Motorroller bloß? Er versuchte, ruhig zu bleiben. Wann war er damit das letzte Mal unterwegs gewesen? Als er den Fototermin mit dem Theaterdirektor hatte? Nein, das konnte es nicht gewesen sein – er hastete weiter, und als er sich zwischen zwei Autos durchzwängen wollte, um noch einmal die Straßenseite zu wechseln, fiel er beinahe über seine Rosinante; es war reiner Zufall, dass er sie doch noch gefunden hatte.

Als er das Sitzungszimmer betrat, war das Interview schon zu Ende, und Popp war bereits im Aufbruch. Wieso er erst jetzt daherkomme, fuhr ihn der Chefredakteur an. August murmelte eine Entschuldigung. Sein Motorroller …

Das sei ja nicht so schlimm, meinte Popp. Er habe noch Zeit für ein paar Aufnahmen; er und Herr Becker seien ja alte Bekannte.

»Es geht um das Gespräch. Um die Situation«, erklärte Selma.

Alle drei setzten sich noch einmal an den Tisch, und Bruno fragte, ob Popp vorhabe, nach all den Skandalen den Parteivorsitz abzugeben. Das sei es wohl, was sich das *Forum* wünsche, parierte Popp. August schoss derweil einige Bilder, dann bat ihn Bruno, einige Porträtfotos von Popp zu machen.

Als Selma und Bruno den Raum verlassen hatten, ging August ganz nah an Popp heran, und ehe er abdrückte, fragte er: »Ist es Ihnen unangenehm, ausgerechnet von mir fotografiert zu werden?«

Popp verzog spöttisch die Mundwinkel: »Aber woher denn?«

»Meine Fotos brachten Ihnen letztlich doch einiges an Ärger ein, oder?«

»Aber geh. Bald interessiert diese Geschichte niemanden mehr … Gut, August Becker hat mir in die Suppe gespuckt.

Die Koalitionsgespräche sind vorerst geplatzt. Jetzt versuchen die anderen, eine Regierung zu bilden. Sollen sie doch. Auf lange Sicht hält uns das nicht auf. Im Gegenteil. Es macht uns sogar stärker. In der Zwischenzeit werde ich zu einer Diskussion nach der anderen eingeladen, trete in jeder Talkshow auf, werde von allen Zeitungen interviewt. Sogar vom *Forum* … Und wer nimmt mich gerade wieder in den Fokus? Unser August, der Starfotograf! Und warum auch nicht? Ich gehe gerne überallhin. Ständig wollt ihr mich demaskieren und merkt nicht, dass ich die Maske, die ihr mir vom Gesicht reißen wollt, schon längst selbst abgenommen habe, weil die Leute, die mich wählen, vor dem, was ich bin, gar nicht zurückschrecken. Im Gegenteil, genau deshalb geben sie mir ihre Stimme. Der Teufel, den ihr Liberalen in mir seht, wird sich wegen eurer linken Zauberformeln und Enthüllungsgeschichten nicht in Rauch und Schwefel auflösen. Deshalb bleibe ich der Gewinner, so gut die Gegenseite auch auftreten mag. Ich muss dafür nicht siegen. Es genügt, am nächsten Tag wieder eingeladen zu werden. Das ist mein Triumph. Ich komme als Aussätziger in die Arena und verlasse sie als Mitspieler. Ich brauche gar nicht die Mehrheit in einer Gesprächsrunde auf meine Seite zu bringen, sondern nur bei der Mehrheit der Gespräche eine Minderheit von mir zu überzeugen. Verstehst du, August? Nein, August – bitte mehr von links, das ist meine Schokoladenseite –, verstehst du, ihr seid die Verlierer. Selbst wenn es für mich irgendwann vorbei sein sollte. Ihr werdet uns nicht mehr los. Unser Erfolg ist ja nicht nur mein Verdienst. Ich bin doch nur einer von vielen. Überall werden solche wie ich gewählt. Ihr werft uns vor, die Regeln nicht einzuhalten. Aber was, wenn der Verstoß gegen eure Normen das neue Spiel ist? Was, wenn ihr wie ein Tanzprofi in einem Boxring steht? Meister des Tango und Quickstepp – bloß im falschen Wettkampf gelandet. Richtig blöd. Könnte ein Film von Buster Keaton sein … Ihr macht eine schöne Figur nach der anderen und wundert euch über jede neue Rechte, die euch ausknockt. Was bringt euch eure gute Haltung noch? Nichts! Das, was war, gilt nicht mehr. Menschenrecht für alle klingt gut, solange der eigene Wohlstand nicht gefährdet ist. Asyl ist fein, wenn es für wenige weiße Helden gilt, aber wenn es um Millionen von anderen Kontinenten geht, hat sich der Wind schnell gedreht. Den Menschen hier ist der Islam fremd. Sie fürchten sich davor. Sie haben das Gefühl, in einem kleinen, schaukelnden Boot zu sitzen. Hoher Wellengang und rundum lauter Fremde im Wasser, die gerettet werden wollen. Und ihr ruft: Wir können sie doch nicht alle ertrinken lassen! Aber die Menschen haben selbst so große Angst vor dem Ersaufen, dass sie nicht nur die ins Meer zurückstoßen, die ins Boot hineinwollen, nein, sie sind längst schon bereit, auch euch und alle eure Prinzipien über Bord zu werfen.«

Popp hielt einen Moment inne. Dann redete er weiter: »Das Fotografieren nimmt ja heute gar kein Ende. Wie schön!« Er lachte zufrieden: »Und alles nur, um mich auszuhorchen, oder? Warum auch nicht … Ich schätze deine Bilder, August Becker, das weißt du ja. Sie sprechen für sich, doch sie bleiben stumm. Ich rede hier ganz frei von der Leber weg.« Dann versteinerte sein Gesicht von einem Moment auf den anderen, er beugte sich vor, und während er fortfuhr, flüsternd, schaute er direkt in die Kamera: »Die wirkliche Demokratie beruht darauf, dass nicht nur Gleiches gleich, sondern dass das Nichtgleiche nicht gleichbehandelt wird. Zur Demokratie gehört also erstens der Einklang und zweitens die Ausscheidung des Unvereinbaren.

Demokratie ist nicht nur ein Verfahren, sondern ein Willensakt, der Gemeinschaft voraussetzt. Eintracht und ein Einvernehmen über das, was Heimat, was Familie, was Mann- und Frausein bedeutet. Wo dieses Einvernehmen fehlt, ist sie zum Scheitern verurteilt.«

Popp richtete sich auf, als warte er auf Widerspruch, doch August schwieg und fotografierte immer weiter. »Wovon ich rede, kommt mit mir oder ohne mich. Im Grunde ist das auch vielen klar, die gegen uns sind. Die schweigen pikiert und schauen vornehm weg. Aber die Tendenz ist eindeutig. Die liberale Demokratie geht unter.«

August ging einen Schritt zurück, die Kamera weiter auf Popp gerichtet, und fragte: »Dafür wird es wohl unabdingbar sein, kritische Medien wie das *Forum* aus dem Weg zu räumen, oder?«

Popp lächelte: »Aber nein. Das wird gar nicht nötig sein. So wichtig seid ihr nicht. Die Leute werden euch ohnehin kaum mehr lesen. Sie nennen euch die Lügenpresse. Und als Antwort darauf wollt ihr ihnen erklären, was die Wahrheit ist. Als ob es darum ginge! Wir geben den Leuten, was sie hören wollen. Das ist vielleicht nicht ehrlich, aber redlich ist es doch, denn es ist unsere und ihre ureigene Wahrheit. Und diese Wahrheit lautet: Wir sind dran! Die Menschen stoßen auf uns, weil sie hier die Antworten finden, nach denen sie suchen. Sobald sie uns folgen, nennt ihr sie Extremisten, doch sobald wir etwas zu sagen haben, werden wir bestimmen, wer extremistisch ist. Viele in der Exekutive warten nur darauf. Nicht wir, sondern ihr werdet dann die Hetzer und Volksfeinde sein.«

»Das reicht«, sagte August. Er senkte die Kamera und griff nach seiner Tasche. »Mehr brauche ich nicht.«

Popps Miene entspannte sich. »Fein, mein Lieber. Mit dir

macht es immer Spaß. Ich habe nur noch eine kleine Bitte, ja? Es dauert nicht lange.« Er trat an den Konferenztisch, auf dem eine Mappe lag, öffnete sie und zog einen großen Bogen hervor. Es war das Foto von ihm mit dem Hammer vor dem Fass. »Mir würde es wirklich sehr viel bedeuten. Ich habe das Bild, doch ich würde mich über eine Widmung sehr freuen.«

»Wie bitte?«

»Auf der Rückseite.«

August sah Popp still an, aber der redete weiter: »Immerhin habe ich das Geld überwiesen. Es war eine stolze Summe. Also, bitte, ein launiger Satz vielleicht? Es könnte auch ironisch sein.«

August drehte sich weg, um zu gehen.

»Dann eben nur eine Unterschrift, August. Das ist doch das Mindeste. Eine Signatur des Meisters August Becker.« Popp hielt ihm einen Stift entgegen.

August machte noch einmal kehrt und ging ein paar Schritte zurück, bis er ganz nah vor Popp stand. Dann sagte er: »Scheißnazi.«

Popp zuckte ein wenig zusammen und knurrte: »Ganz ruhig, du …«

Aber August sagte: »Ein Scheißnazi bist du.«

Popp hatte sich schnell wieder gefangen. »Ja, das ist das Einzige, was ihr könnt. Alle, die nicht eurer Meinung sind, Rassisten, Faschisten und Neonazis schimpfen.«

»Nein, ein Neonazi bist du nicht. Auch kein Nationalsozialist. Ein Scheißnazi bist du.« Und dann noch einmal: »Durch und durch ein Scheißnazi, das bist du.«

Für einen kurzen Augenblick standen beide einander schweigend gegenüber, dann setzte August fort: »Mag schon sein, dass du noch die Nummer eins bist. Kann sein, dass ihr die nächsten Wahlen gewinnt. Möglich, dass die freie Presse an Bedeutung verliert. Aber schweigen werden wir dazu nicht. Im Gegenteil. Wir werden eure Lügen aufschreiben und dokumentieren. Wir werden einfach sagen, was ist. Das ist es, wofür wir da sind.«

Popp, der nun wieder selbstsicher dreinschaute, nickte: »Schön, ich freue mich drauf.«

»Diese Gesellschaft ist vielfältiger, widersprüchlicher und aufmüpfiger, als sie es je war«, sagte August. »Die Demokratie mag in der Krise sein, aber lassen wir die Kirche im Dorf – und die Moschee, die steht nämlich auch längst schon da, ob es dir passt oder nicht –, euer Vaterland wird nie mehr so ruhig sein, wie ihr es wollt. Eure Heimat wird nicht mehr auferstehen.«

Popp lächelte. »Ich dachte immer, du kannst nur fotografieren. Aber nein, du bist ja ein richtiger Volksredner, August. Nur das Volk fehlt dir ... Das läuft euch in Scharen davon. Na ja, wie auch immer. Fühlst du dich besser? Bist du jetzt bereit, mein Bild, also dein Bild – denn immerhin es ist doch dein Bild, August! – zu signieren?«

Wortlos wandte sich August ab und ging hinaus. Auf der Straße atmete er durch und bestieg seinen Motorroller.

August hatte nicht die geringste Lust, an jenem Abend zu Dinos Vernissage zu gehen. Warum gute Miene zum bösen Spiel machen? Aber peinlicher als das Porträt von ihm als Kastrat würde es sein, sich darüber auch noch verärgert zu zeigen. Nur nicht als Banause erscheinen. Bloß nicht den alten weißen Mann hervorkehren, der grantig und mit gekränktem Stolz auf die Konzeptkunst von Dino Ahmetović reagierte. Wie würde das aussehen? Chauvinistisch. Reaktionär. Borniert, wenn nicht gar xenophob.

Er hatte letztlich keine Wahl, er musste hin. Nicht nur, um so zu tun, als gefalle ihm Dinos Arbeit. Er konnte auch wegen Selma nicht fernbleiben. Er war es ihr schuldig, heute Abend aufzutauchen, Empfindlichkeiten konnte er sich jetzt ihr gegenüber nicht leisten.

Diesmal brach er pünktlich auf. Er verließ seine Wohnung, und natürlich stand sein syrischer Nachbar vor der Tür, grinste breit, hinter ihm lugte sein kleiner Sohn hervor, und diesmal war August sicher, sich nicht verhört zu haben, es war diese Parole, die in den letzten Jahren bei jedem Anschlag geschrien wurde, die in jedem Bekennerbrief auftauchte, ohne Zweifel, sein Nachbar rief ihm ein »Allahu akbar« zu.

August blieb stehen und blickte den anderen an, dann fragte er: »Wie bitte? Hören Sie, was sagen Sie da eigentlich immer?«

Der Mann strahlte ihn an und wiederholte ganz langsam die einzelnen Silben, und nun verstand August trotz des Akzents endlich die Worte: »Hallo Nachbar!«

August stockte, sah auf den Jungen hinunter, der ihn mit offenem Mund anstarrte und sich dabei an die Hüfte des Vaters klammerte. »Hallo.« Mehr brachte August nicht heraus.

Der Nachbar streckte ihm die Hand entgegen: »Mein Name ist Khaled Al-Shami.« Er nickte im Takt, um besser zu artikulieren.

»Ich heiße Hamoudi«, krähte der Bub hinter dem Vater hervor.

»Kamera?«, fragte der Vater und zeigte auf Augusts Fototasche, die er sich um die Schulter gehängt hatte. August öffnete sie und holte den Apparat hervor.

Khaled sagte: »Nikon D750. Sehr gut!«

August hob erstaunt die Brauen, und Hamoudi erklärte: »Wir hatten ein Fotogeschäft. In Aleppo.«

Der Vater nickte. Er zog sein Mobiltelefon hervor und tippte darauf herum, dann zeigte er August eine Aufnahme. Darauf ein Laden in einem Steinhaus. Auslagen unter Fensterbögen, darüber ein weißes Schild, auf dem schwarze arabische Buchstaben prangten und darunter in lateinischer Schrift: »Al-Shami Cams«. Khaled sagte: »Alles weg. Komplett zerstört.«

August richtete den Apparat auf die beiden, worauf Khaled seinen Sohn an der Schulter fasste, ihn zu sich heranzog, und beide lächelten in die Kamera.

Eine Vernissage im Gedränge. Alle mit dem Rücken zur Kunst. Leichtes Fingerfood, der Wein schwer, das Wasser prickelnd. Dino lümmelte in einer Ecke und trank aus einer Bierflasche. Die ganze Redaktion des *Forum* war da, aber auch andere Zeitungen und sogar das Radio und das Fernsehen waren vertreten. August entdeckte Kevin, den Fotoredakteur, der einer jungen Künstlerin zuhörte, die gerade von einem Korruptionsfall an der Kunstuniversität erzählte. Er stellte sich zu ihnen. »Na endlich. Wo warst du denn die ganze Zeit?«, begrüßte ihn Kevin.

»Wieso? Habe ich irgendetwas verpasst? Wir waren doch nicht verabredet, oder?«

»Nein, aber hast du nicht gesehen, wer hier ausgestellt ist?«

»Dino Ahmetović. Wer sonst?«

Kevin blickte zur Decke. »Wen interessiert denn der Ahmetović? Wir sind es doch, die auf den Bildern zu sehen sind! Das ganze *Forum* … Alle aus unserer Redaktion.«

»Mag schon sein. Aber hast du auch gesehen, wie?«

Kevin senkte die Stimme: »Ist doch vollkommen egal. Mir muss das ja nicht gefallen. Ist halt Kunst.« Und dann: »Du willst das Bild von dir jetzt nicht verbieten, oder?«

»Spinnst du? Sonst wär ich wohl nicht hier.«

August blickte sich um, dann entdeckte er Dinos Porträt von Kevin. Vom Gesicht war nur die obere Hälfte zu sehen, die Augen blitzten verschlagen, das angegraute Haar stand wirr in alle Richtungen, die Stirn wirkte massiv und stur, wie dreidimensional ragte sie aus der Leinwand hervor. Doch ab der Nase war der Rest des Körpers durch ein Poster verdeckt, das jener Kevin auf der Leinwand mit beiden Händen umklammerte und auf dem wiederum ganz eindeutig er selbst zu sehen war, sein Abklatsch, den Kevin dem Betrachter präsentierte, überperfekt und allzu geschönt gezeichnet, Kevin, ein Klischee seiner selbst.

»Komm her«, sagte August und zog den Fotoredakteur am Arm neben das Bild, um ihn zusammen mit seinem Leinwand-Alter-Ego zu fotografieren. Kevin wollte erst nicht, aber August ließ nicht locker, und als dann auch noch Bruno auftauchte und auf ihn einredete, gab Kevin nach, und August hatte die Aufnahme, die er wollte. Bruno war als Nächstes dran. Folgsam stellte er sich neben sein Bild, auf dem er als abgetakelter Gigolo auf einer Kloschüssel zu sehen war.

Jetzt wusste August, was er an diesem Abend zu tun hatte. Eine porträtierte Person nach der anderen spürte er in der Menge auf, um sie vor der wenig schmeichelhaften Darstellung ihrer selbst abzulichten: eine Filmkritikerin mit Vibrator, einen Wirtschaftsredakteur als verlotterten und onanierenden Exhibitionisten … Es war nicht schwer, alle zu finden, denn die meisten standen nicht weit von ihrem Porträt entfernt und ließen sich dazu beglückwünschen, Teil dieser Ausstellung mit dem so treffenden Titel *Fake* zu sein.

In einer Ecke der Galerie stand immer noch Dino, umringt von einer ganzen Traube von Leuten, die ihm zuhörten und zunickten, darunter auch Tim und Charlie, der Kusshändchen in Augusts Richtung warf. Zuerst wollte er sich zu ihnen stellen, aber dann ließ er sich weiter durchs Getümmel treiben, schnappte Satzfetzen auf, nahm sich ein Glas Rotwein von einem Tablett, das ihm vors Gesicht gehalten wurde, als ihm jemand von hinten die Hände auf die Augen legte. Trockene, kühle Finger, er wusste sofort, dass sie es war. »Selma«, sagte er und drehte sich um. Sie umarmte ihn fest. »Schön, dass du da bist.« Sie habe schon befürchtet, er würde nicht kommen. Ob er mit ihr anstoßen wolle. Sie hätten es sich doch verdient.

Aber ehe er antworten konnte, hatte sich ein Kulturredakteur dazwischengedrängt und beschwerte sich bei Selma darüber, dass die Galeristin ihn gar nicht begrüßt habe. Dabei habe er erst vor kurzem eine sehr gute Kritik über einen von ihr vertretenen und hier ausgestellten Künstler geschrieben. Scheißfreundlich sei sie damals noch gewesen!

Selma sah August entschuldigend an, er strich ihr über den Arm, dann sah er sich weiter um und entdeckte Avi Weiss.

»Guten Abend, schön, Sie hier zu sehen«, grüßte ihn August.

»Hallo«, sagte Weiss, und August erkannte an dem unsicheren Blick, dass der Schriftsteller keine Ahnung hatte, wem er gegenüberstand.

»Ich wollte mich bei Ihnen bedanken … für Ihre Unterstützung, als alle mich zum Rassisten und zum Jünger von Ulli Popp erklärten.«

»Ach so, ja … Na, das war eigentlich selbstverständlich.« Weiss wusste offenbar noch immer nicht, wer ihn da angesprochen hatte.

»August Becker … vielleicht erinnern Sie sich noch. Ich habe Sie vor einigen Wochen fotografiert. Sie haben mir damals von Ihrem neuen Roman erzählt.«

Jetzt erst hellte sich das Gesicht des Schriftstellers auf: »Aber ja! Selbstverständlich erkenne ich Sie. Der Fotograf August Becker. Meine Fotos sind ja wirklich sehr gut geworden. Also Ihre Fotos … Jedenfalls die, die Sie von mir gemacht haben. – Sie schauen angezogen ganz anders aus. Deshalb habe ich Sie erst auf den zweiten Blick wiedererkannt.« Da war wieder jenes schrille Kichern, das August schon bei ihrer ersten Begegnung irritiert hatte. Weiss zeigte mit seinem Finger an Augusts Schulter vorbei und sagte: »Wie gesagt: Sie schauen angezogen ganz anders aus.«

August drehte sich um und sah sich selbst. Er war schon die ganze Zeit mit dem Rücken zu seinem Porträt gestanden, ohne es bemerkt zu haben: sein Gesicht, der nackte Körper, wie er es damals in Dinos Atelier gesehen hatte, doch hing ihm nun seine Kamera an einem langen Gurt um den Hals, und dort, wo ihm damals Schwanz und Eier gefehlt hatten, baumelte jetzt ein Teleobjektiv zwischen den Beinen und verdeckte sein Geschlecht.

August lugte hinüber zu Dino und sah, wie der sein Glas hob und ihm zunickte.

»Sie sind ihm auf den Leim gegangen«, sagte Weiss unvermittelt.

»Sie meinen, Dino hat mich reingelegt?«

»Unsinn. Ich rede von Popp! Nur weil er nicht Hitler persönlich ist, fanden Sie ihn plötzlich sympathisch. Für Sie gab es nur das personifizierte Böse oder das Kuschelmonster.«

»Aber Sie waren es doch, der mich verteidigt hat, als die anderen mich einen Nazi schimpften.«

»Ach, die … Diese selbstgerechten Idioten. Ist doch interessant, dass der Widerstand gegen Hitler immer stärker wird, je länger er tot ist. Denen ging es nicht um Kritik. Die hatten einfach Blut geleckt. Dagegen bin ich allergisch.«

»Sind Sie etwa auch schon einmal zum Nazi gestempelt worden?«

»Ich bitte Sie, August. Tun Sie doch nicht so, als wüssten Sie es nicht besser. Für die anderen war ich von Anfang an nur der Jude und werde es bis ans Ende meiner Tage bleiben.«

Ob Weiss, fragte August, vorhabe, einen Roman über Popp zu schreiben.

»Das fehlt mir gerade noch«, sagte Weiss. Er arbeite an einem viel interessanteren Buch … Aber ehe Weiss davon erzählen konnte, rief eine junge Frau nach ihm: »Avi, es geht los.«

Vor einer leeren Projektionsleinwand war ein kleines Podest aufgebaut. Die Galeristin stieg hinauf und begrüßte alle Gäste, betonte, wie wichtig ihr Dino Ahmetović und seine Kunst seien und ganz besonders diese Ausstellung hier. Aber sie wolle nicht vorgreifen, denn nun werde Avi Weiss etwas zur Bedeutung dieser Bilder sagen, und mit diesen Worten überließ sie dem Schriftsteller das Podium.

Diese Ausstellung, begann Avi Weiss, sei das Ereignis, das sie zum Thema habe. *Fake* sei die Essenz dieser Schau und auch das, was Dino Ahmetović mit seiner Kunst biete. *Fake* stelle jedoch auch das Ritual bloß, zu dem sich alle hier in dieser Galerie versammelt haben. Schließlich sei man hier zusammengekommen, um sich sehen zu lassen.

Nach diesen Sätzen ging ein nervöses Hüsteln durch den Raum, aber die meisten schienen begeistert, dass ihnen jemand die Rolle erklärte, die sie an diesem Abend zu spielen hatten.

Dino Ahmetović, redete Weiss weiter, stelle immer wieder die Frage nach dem Unterschied zwischen Wahrhaftigkeit und Lüge. Er setze der Kultur der Macht nichts anderes als die Macht seiner Kunst entgegen. Er sei dem Etikettenschwindel auf der Spur. Er sorge für Irritation. Seine Bilder seien eine Offenbarung jenseits aller Gewissheit. Ahmetović setze mit seiner Ausstellung das Medium Zeitung der Kritik aus, doch diese Kritik sei zugleich die einzige Hommage, die einer freien Presse gerecht werden könne. Deshalb seien Huldigungen von Ahmetović nicht zu erwarten.

Was, so fragte Weiss, wenn nicht mehr das zähle, was stimme, sondern nur noch das, was einstimme? Was, wenn nur noch angeklickt werde, was aufrege? Weiss sagte: »Die Folter wird zum Clip. Das Attentat zum Event. Was gestern noch schockte, verlockt nun das Publikum.« Wichtig sei nicht mehr, ob einer etwas zu sagen habe, sondern bloß, wie viel Quote er bringe. Dort, wo nicht mehr nachgeprüft werde, was wahr ist oder nicht, punkte die Wirklichkeit weniger als die Lüge, die vielen eher einleuchte als alle Fakten.

Dino Ahmetović spiegele die Hetze wider, mit der gegen die freie Presse mobilgemacht werde. Die Werkschau *Fake* konfrontiere mit dem anderen Blick. Seine Arbeit mache Ahmetović zum Außenseiter, zum Paria. Er gehöre keiner Gruppe an, sei nirgends integrierbar und das sei gut so.

Es wurde geklatscht. Dino bestieg das Podest und umarmte Weiss. Er sagte: »Noch ist die Ausstellung nicht eröffnet. Ein Bild fehlt. Ich habe monatelang daran gearbeitet und es die ganze Zeit über versteckt. Vor dir, Selma … Aber ohne deinen Text kein Porträt, kein einziger Strich.«

Mit diesen Worten ließ er die Leinwand nach oben fahren, und wieder gab es Applaus, als der Blick frei wurde auf das Bild dahinter, das ganz anders war, als all die anderen.

Ein Raunen ging durch die Menge, und August Becker ließ die Kamera sinken. »Heimtücke« stand am oberen Rand, es war der Titel jenes Artikels, den Selma vor Wochen veröffentlicht und der so viel Aufsehen und Unmut hervorgerufen hatte, und tatsächlich war auch der Text selbst zu sehen, Dino hatte ihn gemalt, aber aus den Buchstaben und Wörtern setzte sich auch Selmas Porträt zusammen. Sie tauchte aus ihren eigenen Zeichen und Sätzen auf, den Kopf schräg, die Augen auf den Betrachter gerichtet, eine Braue hochgezogen, ihr Blick voll Skepsis und Ironie, ein angedeutetes Lächeln im Mundwinkel, das Notizbuch in der einen Hand, den Stift in der anderen, das eine Bein ein wenig vor das andere gestellt. So stand sie da, und so stand sie auch jetzt mitten in der Menge, sehr aufrecht und ruhig, die Journalistin Selma Kaltak.

Dank

Ich danke den Fotografen Lukas Beck und Robert Newald für ihre Anregungen, ihre Anmerkungen und für die kritische Lektüre des Manuskripts.

Ebenso danke ich den Fotografen Heribert Corn, Matthias Cremer und Daniel Shaked, die ich zu ihrem Beruf und ihrer Arbeit befragen durfte.

Dem österreichischen Bundesministerium für Kunst und Kultur gebührt mein Dank für die Förderung der Arbeit an diesem Roman.

SV